अंडे के छिलके

अन्य एकांकी तथा बीज नाटक

अंडे के छिलके

अन्य एकांकी तथा बीज नाटक

मोहन राकेश

राधाकृष्ण प्रकाशन

ISBN : 978-81-7119-311-0

अंडे के छिलके : अन्य एकांकी तथा बीज नाटक

पहला संस्करण : 1973
बारहवाँ संस्करण : 2022
This book is printed on **Print on Demand** Technology : 2025

मूल्य : ₹595

प्रकाशक
राधाकृष्ण प्रकाशन प्राइवेट लिमिटेड
जी-17, जगतपुरी, दिल्ली-110 051

शाखाएँ : अशोक राजपथ, साइंस कॉलेज के सामने, पटना-800 006
पहली मंजिल, दरबारी बिल्डिंग, महात्मा गांधी मार्ग, प्रयागराज-211 001
1, अनमोल सोराबजी संतुक लेन, धोबी तलाव, मरीन लाइंस, मुम्बई-400 002
वेबसाइट : www.radhakrishnaprakashan.com
ई-मेल : info@radhakrishnaprakashan.com

ANDE KE CHHILKE
Anya Ekanki Tatha Beej Natak
by Mohan Rakesh

काश, मोहन राकेश के इन चार एकांकियों, दो बीज-नाटकों एवं एक पार्श्व-नाटक का यह संग्रह उनके जीतेजी प्रकाशित हो पाता! वह टालते रहे थे, किस वजह से—अब कौन कह सकेगा! 3 दिसम्बर 1972 के सायं लगभग 6 बजे हृदय की गति रुक जाने से उनके एकाएक प्राणांत ने हिन्दी कथा-साहित्य के एक प्रमुख कृती और आधुनिक भारतीय रंगमंच की प्रगति के एक समर्थ वाहक को सदा के लिए बीच से उठा दिया। उन्हीं की ताज़ा और अमिट स्मृति को, उनकी चिर-अनुपस्थिति में, यह प्रकाशन समर्पित है!

—प्रकाशक

क्रम

एकांकी

अंडे के छिलके

पात्र

श्याम
वीना
राधा
गोपाल
जमुना
माधव

परदा उठने पर गैलरी वाला दरवाज़ा खुला दिखाई देता है। बाईं ओर के दरवाज़े के आगे परदा लटक रहा है। जिससे पता नहीं चलता कि दरवाज़ा खुला है या बन्द। कमरे में कोई नहीं है। श्याम सीटी बजाता गैलरी से आता है, पतलून और कमीज़ के ऊपर बरसाती पहने। सिर भीगा है। बरसाती से पानी निचुड़ रहा है। अन्दर आकर वह इधर-उधर नज़र दौड़ाता है।

श्याम : अरे! कमरा ख़ाली! न भैया न भाभी! *(पुकारकर)* भाभी!

दूसरे कमरे से वीना की आवाज़।

वीना : कौन?...श्याम?...क्या बात है?

श्याम : इधर आओ तो बताऊँ, क्या बात है।

वीना उधर से आती है।

वीना : तुम्हें भी आकर इस तरह आवाज़ देने की ज़रूरत पड़ती है? इस तरह पुकार रहे थे जैसे किसी पराए घर में आए हो।

श्याम : पराया घर तो लगता ही है, भाभी! तुमने आते ही वह नक़्शा बदला है इस कमरे का कि मेरा अन्दर पैर रखने का हौंसला ही नहीं पड़ता। पहले तो इस कमरे की वही हालत रहती थी जो आजकल मेरे कमरे की है। जूते को छोड़कर हर चीज़ या चारपाई पर या मेज़ पर। अब तो मुझे इस कमरे में सिर्फ़ वही एक कोना गोपाल भैया का नज़र आता है जहाँ पतलूनें और कोट एक-दूसरे के ऊपर टँगे हैं। बाक़ी कमरे की सरकार ही बदल गई है। भैया की टेबल भी क्या याद करती होगी कि किसी का हाथ लगा है। आजकल ऐसे चमकती है जैसे नई-नई पॉलिश होकर आई हो।

वीना : खड़े गाँव से आए हो जो खड़े-खड़े ही बात करोगे? बरसाती बाहर रख दो, सारा कमरा भिगो रहे हो। फिर बैठकर आराम से बात करो। अभी तुम्हारे भैया आते हैं तो तुम्हें चाय बना देती हूँ।

श्याम : सिर्फ़ चाय? ग़लत बात। ऐसे सुहाने मौसम में सूखी चाय नहीं पी जा सकती। हरगिज़ नहीं।

उसके सिर पर हाथ रखकर उसका मुँह बाहर की तरफ़ कर देती है।

वीना : यह सुहाना मौसम पहले गैलरी में छोड़ जाओ। सारा फ़र्श गीला कर रहे हो।

फिर पीछे से खुद ही उसकी बरसाती उतारने लगती है।

: लाओ, उतार दो बरसाती। मैं ही बाहर रख आती हूँ।

श्याम, उतारते-उतारते जैसे कुछ ध्यान आ जाने से फिर बरसाती पहन लेता है।

श्याम : भाभी, एक बात कहता हूँ।

वीना : क्या बात? बरसाती तुमने फिर से पहन ली? मैं कहती हूँ, तुम तो बस...।

श्याम : भाभी, बात तो सुन लो। मैं कहता हूँ कि बरसाती आकर एक ही बार उतारूँ। चाय के साथ खाने के लिए भागकर कोई चीज़ ले आऊँ। सूखी चाय का मज़ा नहीं आएगा। इस वक़्त पानी ज़रा थमा है, फिर ज़ोर से बरसने लगेगा।

वीना : फिर वही खाने की बात? कोई ऐसा भी वक़्त होता है जब तुम्हें खाने की बात नहीं सूझती?...अच्छा जाओ, मगर लाओगे क्या?

श्याम : तुम जो कहो ले आऊँ। इस वक़्त गर्म-गर्म कचौरी और समोसे भी मिल जाएँगे और...।

वीना : और क्या?

श्याम : और...और...कहो तो कोई और अच्छी चीज़ भी मिल सकती है...।

वीना : बरसते पानी में जाओगे तो अच्छी चीज़ ही लाओ। समोसे-कचौरी क्या खाओगे?

श्याम : अच्छी चीज़...अं...अं...तो अच्छी चीज़ हो सकती है...अं...।

वीना : जाओ, चार-छह अंडे ले आओ। मैं तुम्हें अंडे का हलुआ बना देती हूँ।

श्याम : शिव, शिव, शिव! किसी और चीज़ का नाम लो, भाभी! इस घर में अंडे का नाम ले रही हो? जाओ, जल्दी से जाकर कुल्ला कर लो। मुँह भ्रष्ट हो गया होगा।

वीना : क्या बात करते हो? *(दबे स्वर में)* यहाँ रोज़ सुबह अंडे का नाश्ता होता है। तुम्हारे भाई साहब ने यह बिजली का स्टोव किसलिए लाकर रखा है? माँजी से तो कहा था कि सुबह बेड-टी लेनी होती है, रसोईघर से बनाकर लाने में ठंडी हो जाती है, इसलिए ये सोलह रुपए ख़र्च किए हैं। माँजी भी भोली हैं, झट मान जाती हैं। कोई इनसे पूछे कि, स्टोव तो बेड-टी के लिए लाए हैं, मगर यह फ्राइंग-पेन किसलिए लाए हैं? इसमें क्या दूध गर्म होता है?

श्याम : संयम, संयम, संयम! ज़रा संयम से काम लो, भाभी! चार दिन जो अंडे खा लिए हैं वे छिलकों समेत वसूल हो जाएँगे। अम्मा के कान में भनक भी पड़ गई तो सारे घर का गंगा-इश्नान हो जाएगा। और तुम देख ही रही हो कि बादलों का दिन है। किसी को कुछ हो-हवा गया तो...।

वीना : भई, तुम लोगों की यह बात मेरी समझ में बिलकुल नहीं आती। अगर खाना ही है तो उसमें छिपाने की क्या बात है? सबके सामने खाओ। माँजी नहीं खातीं, इसलिए रसोईघर की बजाय यहाँ कमरे में बना लेते हैं। और अंडे में जीव कहाँ होता है? जैसे दूध, वैसे अंडा।

श्याम : हरि, हरि, हरि! फिर वही नाम! भाभी, आज इस बरसते पानी में तुम जान निकलवाओगी। तुमसे कोई कुछ नहीं कहेगा। अम्मा मेरे सिर हो जाएँगी कि सब तेरी ही करनी है। तुम खाओ, बनाओ, जो चाहे करो। मगर इस चीज़ का नाम मुँह पर मत लाओ।...लाओ, पैसे निकालो। मैं तुम्हारे रिस्क पर ले आता हूँ। चोरी पकड़ी जाने पर अगर मेरा नाम लिया कि यह लाया है तो मैं साफ़ मुकर जाऊँगा और बेड-टी के साथ फ्राइंग-पेन का रिश्ता अम्मा को अच्छी तरह समझा दूँगा। कितने ले आऊँ—चार कि छह?...एकाध मेरे कमरे में भी रखा होगा।

वीना : अच्छा, तो यह बात है। आप अपने कमरे में...।

श्याम : *(बात काटकर)* फिर कहता हूँ भाभी, कि नाम मत लो। अपने कमरे में न फ्राइंग-पेन है न स्टोव, जो कोई चीज़ साबित की जा सके। कच्चा लाते हैं और कच्चा खाते हैं। इसीलिए सुबह दूध की तलब कमरे में होती है। रखने-रखाने का इन्तज़ाम पक्का है। मगर तुम कहो कि अम्मा के सामने भी यह बात ज़ाहिर कर

देंं तो हरगिज़ नहीं। हमें अपनी अम्मा से भी प्यार है और अपनी ख़ूराक से भी।

वीना : बहुत अच्छी बात है न! अम्मा की रसोई के बरतन रोज़ भ्रष्ट करते हो, यह अच्छा प्यार है! देख लेना, कल से तुम्हारा दूध का गिलास अलग न रखवा दिया तो...।

श्याम : अच्छी बात है। तुम हमारा दूध का गिलास अलग रखवा देना और हम यह फ्राइंग-पेन यहाँ से उठवा देंगे। वैसे चाहो तो अब भी समझौता हो सकता है। तुम ज़बान से खाने का काम लो, शोर मचाने का नहीं, और मैं अभी जाकर आधी दर्जन वह जो तुम कह रही थीं, लाए देता हूँ। इस समझौते की खुशी में पैसे भी अपनी ज़ेब से ख़र्च किए देता हूँ। मंज़ूर? अच्छा, टा-टा!

गैलरी की तरफ़ चल देता है।

वीना : साथ थोड़ी किशमिश भी ले आना।

श्याम : ओ.के.। तुम इस बीच चाय का पानी रख दो। आते ही एक प्याली पीऊँगा।

चला जाता है। वीना खूँटी की तरफ़ जाकर वहाँ टँगे हुए कपड़े उतारने और तहाने लगती है।

वीना : मैं भी इस घर में आकर बस यहाँ की-सी हुई जा रही हूँ। दो दिन से कपड़े ही प्रेस नहीं किए।...साहब के कपड़ों का यह ढेर तो कभी ठीक ही नहीं होगा। मैं टाइयाँ और कपड़े अब कुरसियों के पीछे नहीं टाँगने देती, इसलिए हर चीज़ खूँटी पर!

कपड़े उतारते हुए मोज़े का एक जोड़ा नीचे जा गिरता है।

: लो, यह पुराना मोज़ा भी खूँटी पर लटकाने की चीज़ है!

कपड़े सन्दूक पर रखकर मोज़ा उठा लेती है। मोज़ा कुछ भारी लगता है, इसलिए उसे हाथ से मलकर देखती है।

: तो यह बात है। कल और परसों के छिलके साहब ने मोज़े में भरकर यहाँ लटका रखे हैं। इनको यह कैसी आदत है, यह मेरी समझ में नहीं आता। छिलके नाली में डाल दिए जाएँ, गन्दगी दूर हो। मगर नहीं। हफ़्ता-भर छिलके इकट्ठे करेंगे, फिर डिब्बे में भरकर बाहर ले जाएँगे, जैसे किसी के लिए सौगात ले जा रहे हों।

मोज़ा कोने में डाल देती है।

: अच्छा, श्याम के आने तक चाय का पानी तो रख दूँ।

केतली उठाकर बाईं ओर के दरवाज़े की तरफ़ जाती है। परदा उठाने पर दरवाज़ा बन्द मिलता है। किवाड़ खटखटाती है।

: राधा जीजी!...राधा जीजी! इतनी देर में दरवाज़ा बन्द करके क्यों पड़ गईं? ज़रा खोलना, मुझे अन्दर नल से पानी लेना है।

कुछ क्षणों के बाद दरवाज़े की कुंडी खुलती है।

: क्या बात है, जीजी? अभी संझा भी नहीं हुई और तुम दरवाज़े बन्द करके पड़ गईं? मैंने सोचा कि कहीं जेठ जी न आ गए हों...।

राधा दरवाज़े से निकलकर अँगड़ाई लेती है, जैसे सचमुच बिस्तर से उठी हो।

राधा : आज दोपहर से ही शरीर कुछ टूट-सा रहा था। मैंने कहा कि थोड़ी देर लेट लूँ, फिर उठकर रोटी-वोटी का धन्धा करना होगा।

वीना : यह लेटने का वक़्त थोड़े ही है, बीबी? बैठो, मैं चाय बना रही हूँ, अभी सब लोग चाय पिएँगे। ये भी दफ़्तर से आने वाले ही होंगे। बैठो, मैं उधर से पानी लेकर आती हूँ।

अन्दर चली जाती है। राधा अनमनी-सी खड़ी रहती है। क्षण-भर बाद अन्दर से वीना के हँसने का स्वर सुनाई देता है। राधा चौंककर उधर देखती है।

राधा : क्या बात है, वीना? अपने-आप ही हँस रही हो?

वीना एक हाथ में पानी की केतली और दूसरे हाथ में एक किताब लिए हँसती हुई उधर से आती है।

वीना : हँसने की बात नहीं है, जीजी?...यह तुम्हारी चन्द्रकान्ता...।

राधा झपटकर किताब उसके हाथ से छीनना चाहती है, मगर वीना उसे झाँसा देकर उसके पास से निकल जाती है। केतली मेज़ पर रखकर वह किताब पीछे छिपा लेती है। राधा पास आकर किताब उससे छीनने का प्रयत्न करती है।

: छीनाझपटी में नहीं दूँगी, जीजी! ऐसे माँग लो तो दे दूँगी। मगर इसमें इस तरह छिपाकर पढ़ने की क्या बात है? मैंने तो चन्द्रकान्ता, चन्द्रकान्ता सन्तति और भूतनाथ सब पढ़ रखी हैं। जब हम मिडिल में थीं तो स्कूल की लाइब्रेरी से लेकर पढ़ी थीं। इसमें ऐसा तो कुछ भी नहीं है कि इसे तकिए के नीचे छिपाकर

रखा जाए और दरवाज़े बन्द करके पढ़ा जाए।

राधा : न भइया, न! हम माँजी के सामने ऐसी चीज़ कभी नहीं पढ़ सकते। कोई ख़राब बात चाहे न हो, मगर माँजी देखेंगी तो क्या सोचेंगी कि रामायण नहीं, महाभारत नहीं, दिन-भर बैठकर ऐसे क़िस्से ही पढ़ा करती है। और हम पढ़ते भी कहाँ हैं? हमको तो कौशल्या भाभी ने जबरदस्ती दे दी तो हम उठा लाए, नहीं तो हम ऐसी चीज़ कभी नहीं पढ़ते। घर के काम-धन्धे से फ़ुरसत लगे, तो कुछ पढ़ें भी। और हमारे पास अपनी गुटका रामायण है, कभी-कभी उसमें से ही थोड़ा-बहुत बाँच लेते हैं। तुम जानो इस घर में ये सब पढ़ेंगे तो जान नहीं निकाल दी जाएगी? यह तो कौशल्या भाभी हमारे पीछे पड़ गईं कि ज़रूर पढ़ो, नहीं तो क्या...!

वीना : यह तो मैं भी कहती हूँ, जीजी, कि ज़रूर पढ़ो। बहुत ही इंट्रेस्टिंग किताब है। ज़रा बचकाना टेस्ट की ज़रूर है, मगर...।

राधा : *(चिढ़कर)* हाँ भई, हम तुम्हारी तरह पढ़े-लिखे तो हैं नहीं...।

वीना : मेरा यह मतलब थोड़े ही है, जीजी! मेरा मतलब तो यह है कि तुम रामायण, महाभारत पढ़ने वाली हो, तुम्हें यह किताब ज़रा बचकाना टेस्ट की मालूम होगी।

राधा : यह बात तो है ही।...मगर सच कहें, वीना, तो इसमें भी तो शूरवीरता की ही कहानी है। जिस तरह भगवान राम सीता के लिए वन-वन में मारे-मारे फिरते हैं, उसी तरह कुँअर वीरेन्द्र सिंह चन्द्रकान्ता के लिए तिलिस्म के अन्दर घूमता-फिरता है और...।

वीना : *(हँसती हुई)* और जिस तरह भगवान राम समुद्र लाँघकर सीता का उद्धार करते हैं, उसी तरह कुँअर वीरेन्द्र सिंह तिलिस्म तोड़कर चन्द्रकान्ता का उद्धार करते हैं। तिलिस्म तोड़ना बल्कि समुद्र लाँघने से ज़्यादा मुश्किल काम है।

राधा : *(उत्सुकतापूर्वक)* अच्छा, एक बात तो बताओ, वीना! तुमने तो सारी किताब पढ़ी है। अन्त में जाकर वनकन्या का क्या होता है? कुँअर वीरेन्द्र सिंह के साथ उसका ब्याह हो जाता है कि नहीं? मेरा दिल तो कहता है कि हो जाता है।

वीना : हाँ, हाँ, ज़रूर हो जाता है।

राधा : और चन्द्रकान्ता के साथ?

वीना : उसके साथ भी हो जाता है।

राधा : दोनों के साथ ही हो जाता है?

वीना : हाँ भी और नहीं भी।

राधा : हाँ भी और नहीं भी, यह कैसे?

वीना : यही बता दिया तो फिर पढ़ना क्या रह गया? जब पढ़ लोगी तो अपने-आप पता चल जाएगा। *(किताब देती हुई)* यह किताब ले लो। मगर अभी से दरवाज़ा बन्द करके नहीं पढ़ने दूँगी। रात को जब सब लोग सो जाएँगे तो मोमबत्ती जलाकर पढ़ना। मैं भी कई दिनों से सोचती थी कि रात को तुम मोमबत्ती जलाकर क्या करती रहती हो!...अभी यहाँ बैठो।

उसे बाँह पकड़कर पलंग पर बैठा देती है और दी हुई किताब भी उसके हाथ से लेकर पलंग पर फेंक देती है।

राधा : अच्छा वीना, ये बाबाजी महाराज कौन हैं?

वीना : कौन-से बाबाजी महाराज?

राधा : वही जो वीरेन्द्र सिंह को आत्महत्या से रोकते हैं।

वीना : तुम अभी तक उसी दुनिया में घूम रही हो, जीजी? अब थोड़ी देर के लिए तो तिलिस्म से बाहर निकल आओ।

केतली स्टोव पर रखकर स्विच ऑन कर देती है। बाहर से गोपाल आता है। वर्षा की फुहार से उसके कपड़े ज़रा-ज़रा भीग रहे हैं।

गोपाल : वाह, आज केतली पहले से ही रखी हुई है! बहुत सही अन्दाज़ा है वक़्त का।

वीना : इस ग़लतफ़हमी में मत रहिए कि आपके लिए चाय का पानी रखा गया है। यह केतली श्याम के लिए रखी गई है। आप आ गए हैं, इसलिए एक प्याली आपको भी मिल जाएगी।

गोपाल : क्या बात है, आजकल श्याम पर बहुत मेहरबान हो रही हो? सुना है, देवर-भाभी का रिश्ता बहुत ख़तरनाक होता है।

वीना : बस सुना ही सुना है? जीजी बैठी हैं, ये तो मुझसे ज़्यादा जानती होंगी।

गोपाल : देखो, हमारी भाभी के लिए कुछ मत कहना। हमारी भाभी देवी की प्रतिमा हैं, तुम्हारी तरह नहीं हैं। तुम तो दिन-भर बैठी 'संज़ एंड लवर्ज़' पढ़ती रहती हो और भाभी पढ़ती हैं रामायण, महाभारत।

वीना : *(शरारत के लहजे में)* सच?

गोपाल : सच नहीं तो क्या? क्यों, भाभी?

राधा : *(खिसियायी-सी)* भई, हम नहीं कुछ भी पढ़ते। हमें दिन-भर काम से फुरसत मिलती है जो पढ़ें-पढ़ाएँ? कभी दस मिनट मिल गए तो चार अक्षर बाँच लिए।

गोपाल : वक़्त न मिले, यह और बात है। पर पढ़ने के लिए तुमने गुटका रामायण रख तो छोड़ी है? मन में भावना होनी चाहिए।

वीना : आज जीजी की गुटका रामायण मैं इधर उठा लाई हूँ। जीजी तो लाने ही न देती थीं। अभी-अभी आपके आने से पहले मैं इनसे समुद्र-लंघन की कथा सुन रही थी।

गोपाल : यह तो बहुत ही अच्छी बात है। तुमने बी.ए. पास तो किया है, मगर जो विद्या तुम्हें भाभी से मिल सकती है, वह स्कूल-कॉलेजों में नहीं पढ़ाई जाती। क्यों, भाभी?

राधा : भैया, हम किसी को क्या पढ़ाएँगे? हम तो आप ही अनपढ़ हैं। हम तो वीना के पास इसीलिए आ बैठते हैं कि दो-चार अच्छे अक्षर इससे सीख जाएँ।

गोपाल : तुम, और इससे सीखोगी? यह उलटी रीत यहाँ नहीं चल सकती, भाभी! दस्तूर यही है कि बड़ा बड़े की जगह और छोटा छोटे की जगह...। *(ज़ेब से सिगरेट की डिब्बी निकालता हुआ)* इजाज़त हो तो...अ...अ...यह ज़रा...यह एक सिगरेट सुलगा लूँ। बहुत देर से नहीं पी। *(सिगरेट सुलगाता हुआ)* बारिश का दिन है, इसलिए तबीयत नहीं मानती।

वीना : आप तो कहते थे कि आप घर में किसी के सामने नहीं पीते।

गोपाल : बस सिर्फ़ भाभी के सामने पी लेता हूँ। वह भी इसलिए कि भाभी ने एक बार गैलरी में छिपकर पीते हुए देख लिया था। जब चोरी पकड़ ही ली गई तो हमने इक़बाल कर लिया। उसके बाद से भाभी की इतनी मेहरबानी रही कि जब-जब ज़रूरत पड़ती थी, इनके कमरे में छिपकर पी लेते थे। आज पाँच बरस हो गए, मगर मजाल है कि जो भाभी के अलावा किसी को पता तक चला हो।

वीना : हाँ, हाँ, क्यों पता चला होगा? बीबी ने जेठ जी को बताया थोड़े ही होगा?

राधा : हमसे कोई क़सम उठवा ले जो हमने बताया हो। हमारी यह आदत नहीं है कि इधर की बात उधर और उधर की बात इधर

लगाते फिरें। जब एक बार हमने कह दिया कि किसी से नहीं कहेंगे, तो किसी से नहीं कहा। दिल में रखने की बात हम दिल में ही रखते हैं।

गोपाल : और क्या? दिल में रखने की बात दिल में रखनी ही चाहिए।... पानी खौल गया कि नहीं?

वीना : बस अभी हुआ जाता है। उतनी देर में श्याम भी आ जाएगा...।

श्याम बरसाती की ज़ेबों में हाथ डाले हुए बाहर से आता है।

श्याम : लो भाभी, ले आया। अब तुम जानो और तुम्हारा काम।

राधा को देखकर ज़रा असमंजस में पड़ जाता है।

: अरे, बड़ी भाभी भी यहाँ पर हैं? तब तो...।

गला साफ़ करता हुआ चुप कर जाता है।

वीना : यह अपनी बरसाती तो बाहर उतार दो। अभी तक इससे पानी टपक रहा है।

श्याम : वह बात तो ठीक है भाभी, मगर...।

वीना : मगर क्या?

श्याम : मगर यह कि भाभी वह जो...वह जो तुमने कहा था, वह...।

वीना : लाए नहीं?

श्याम : ल-लाया तो ज़रूर हूँ, म-मगर...।

वीना : मगर जीजी से डर लगता है, यही न? डरने की कोई बात नहीं, जीजी किसी से नहीं कहेंगी। लाओ, निकालो।

श्याम : *(ज़रा खँखारकर)* और अगर बाद में...?

वीना : नहीं, बाद में कुछ नहीं होता। लाओ, निकालो।

गोपाल : क्या चीज़ है जिसके लिए इतनी हील-हुज्जत हो रही है?

वीना : कुछ नहीं, आधा दर्जन अंडे मँगवाए हैं। कह रहा था कि सूखी चाय नहीं पीऊँगा, तो मैंने कहा कि अंडे का हलुआ बनाए देती हूँ।

गोपाल : अंडे का हलुआ? यह तुम्हें क्या सूझी है? मैंने तुम्हें अच्छी तरह समझा दिया था, फिर भी तुम...?

वीना : *(श्याम से)* तुम क्यों काठ से वहाँ खड़े हो? अंडे मुझे दे दो, और बरसाती उतारकर बाहर रख दो *(गोपाल से)* आपको जब दीदी से सिगरेट का छिपाव नहीं है, तो अंडे का छिपाव रखने की क्या ज़रूरत है? *(श्याम से)* लाओ श्याम, दो मुझे।

श्याम क्षण-भर की हिचकिचाहट के बाद दोनों ज़ेबों से हाथ निकालता है। उसके एक-एक हाथ में तीन-तीन अंडे हैं। वीना अंडे उससे ले लेती है और वह बरसाती उतारकर गैलरी में छोड़ आता है।

गोपाल : *(अव्यवस्थित-सा)* देखो वीना...मैंने तुमसे कहा था कि घर में...घर में यह चीज़ ठीक नहीं है। आदमी बाहर जाकर खा ले, वह और बात है। मगर घर में...!

वीना : घर में घर के आदमी देख लेंगे, इतनी ही तो बात है न? तो जीजी से तो किसी बात का परदा है नहीं। ये आज न देखतीं तो किसी और दिन देख लेतीं। जब रोज़ सवेरे...।

गोपाल : अललललल, क्या बक रही हो? कुछ होश की दवा करो...।

राधा : सच पूछो गोपाल, तो हमें इस चीज़ का पहले से ही पता है।

श्याम मुसकराता है। गोपाल बेबस-सा आराम-कुरसी पर पड़ जाता है।

गोपाल : किस चीज़ का पता है?

राधा : इस चीज़ का कि रोज़ सवेरे चाय के साथ तुम्हारे कमरे में क्या बनता है। तलने की आवाज़ तो छोड़ो, तुम जानो ख़ुशबू भी तो उधर जाती है।

गोपाल : किस चीज़ की ख़ुशबू जाती है?

राधा : जो चीज़ बनती है, उसी की ख़ुशबू जाती है, और किस चीज़ की जाएगी?

वीना : लीजिए, और छिपाइए। जीजी तो ख़ुशबू से यह भी पहचान लेती होंगी कि किस दिन आमलेट बनता है और किस दिन अंडे फ्राई होते हैं!

राधा : ज़रूर जान लेते हैं। आज सवेरे तुमने आमलेट बनाए थे। बनाए थे कि नहीं?

वीना : जीजी, जब तुम ख़ुशबू पहचानती हो, तब तो ज़रूर तुम भी...।

राधा : *(बात काटकर)* न। हम कभी नहीं खाते चाहे हमें किसी की क़सम दिला लो। ख़ुशबू तो तुम जानो हर चीज़ की अलग ही होती है। खाया नहीं है तो क्या...!

श्याम : सूँघा भी नहीं है?...बड़ी भाभी, तुम्हारी नाक बहुत तेज़ है।

वीना इस बीच अंडे एक कप में तोड़ने लगती है और छिलके मेज़ पर रखती जाती है।

राधा : बड़ी भाभी की नाक ही नहीं, आँखें भी बहुत तेज़ हैं। तुम अपने कमरे में जो करतूत करते हो, बड़ी भाभी को उसका भी सब पता है।

श्याम : *(चौंककर)* हें? मेरी किस करतूत का तुम्हें पता है?

राधा : रहने दो, चुप ही रहो तो अच्छा है। मैंने माँजी से तो नहीं कहा, मगर तुम्हारा दूध वाला गिलास मैंने मेहरी से अलग रखवा रखा है और उसे अलग से मँजवाती हूँ। और सर्दियों में जो तुम दो चम्मच बुख़ार-मिक्स्चर बीच में मिलाया करते थे, उसका भी मुझे पता है।

वीना : बुख़ार-मिक्स्चर? क्या सर्दियों में इसे बुख़ार हो गया था?

राधा : इसी से पूछो जो मिक्स्चर पिया करता था। अलमारी में किताबों के पीछे शीशी लाकर रख रखी थी, पन्द्रह रुपए वाली।

गोपाल : *(कुछ हैरान होकर)* पन्द्रह रुपए वाली!

राधा : और नहीं तो क्या? पूछ लो इससे।

श्याम कानों पर हाथ रखकर सिर झुका लेता है।

वीना : मगर जीजी, वह शीशी पन्द्रह रुपए वाली थी और चौदह रुपए वाली नहीं, इसका तुम्हें कैसे पता चला? यह भी क्या सूँघकर ही...?

राधा : *(खिसियानी पड़कर)* हमें सूँघने की क्या ज़रूरत है? हम तो ऐसी चीज़ के पास भी नहीं जाते। हमारे भैया को एक बार डॉक्टर ने बताई थी, सो वे पन्द्रह रुपए में लाए थे।

गोपाल : *(वीना से)* क्यों तुम भाभी को ख़ामख़ाह परेशान करती हो? भाभी बेचारी तो अनजाने भी हमारा हित ही करती हैं। *(राधा से)* देखो भाभी, अब तुम्हें सब मालूम ही है, मगर भैया को नहीं बताना। उनका स्वभाव तो तुम जानती ही हो। माफ़ कर दें तो बड़ी-बड़ी बात माफ़ कर दें। और नाराज़ हो जाएँ तो बस छोटी-से-छोटी बात पर...।

राधा : वे नाराज़ होते हैं तो किसी बात पर ही नाराज़ होते हैं। मगर तुम कहते हो कि उन्हें न बताऊँ, तो मैं नहीं बताऊँगी। मगर यह बात ठीक नहीं कि सब दरवाज़े खुले हैं और तुम यहाँ अंडे बना रहे हो। कोई बाहर से आ गया तो हमारा कहना, न कहना सब बराबर है।

केतली में पानी खौलने लगता है। वीना अंडे फेंटती है।

गोपाल : यह बात तुम ठीक कह रही हो, भाभी। मैंने कितनी ही बार

इनसे कहा है कि कुछ बनाना ही हो तो सब दरवाज़े बन्द कर लिया करो। श्याम, बाहर का दरवाज़ा बन्द कर दे।

वीना : श्याम, पहले ज़रा यह केतली स्टोव से उतारकर उधर रख दे और मुझे घी का डिब्बा पकड़ा दे। मैं झट से हलुआ पका दूँ। बनने में तो दो-एक मिनट ही लगेंगे।

श्याम उस तरफ़ चला जाता है और उसका काम करने लगता है।

: अलमारी से प्लेटें भी निकाल लो। *(राधा से)* जीजी, थोड़ा-सा हलुआ तो तुम भी लोगी न?

फ्राइंग पेन स्टोव पर रखकर उसमें घी डालती है।

राधा : *(अनमने स्वर में)* भैया, हमने कह दिया कि हमने न कभी खाया है और न ही कभी खा सकते हैं। पास बैठे हैं, इसलिए चाय की एक प्याली ज़रूर लेंगे।

वीना अंडे का घोल चीनी मिलाकर फ्राइंग पेन में डाल देती है और जल्दी-जल्दी हिलाने लगती है। श्याम प्लेटें निकालकर लाता है।

वीना : तुमसे कहा था, साथ में किशमिश भी लाना, लाए हो?

श्याम : किशमिश तो भूल ही गया, भाभी! कहो तो अब जाकर...!

वीना : अब रहने दो। मुझसे यह नहीं कहना कि हलुआ अच्छा नहीं बना। बग़ैर किशमिश के अंडे का हलुआ...!

दूर जमुना देवी की आवाज़ सुनाई देती है।

जमुना : वीना! ओ वीना! गोपाल अभी आया है कि नहीं...?

गोपाल : *(दबे हुए स्वरों में)* श्याम! तुमसे कहा था, दरवाज़ा बन्द कर दो और तुम...!

श्याम : अभी कर रहा हूँ।

जल्दी से जाकर दरवाज़े के किवाड़ मिला देता है और वहीं खड़ा हो जाता है।

राधा : माँजी आ रही हैं, अब जल्दी से कुछ इन्तज़ाम करो।

गोपाल : हाँ, हाँ, जल्दी कुछ इन्तज़ाम करो। यह छिलके...यह हलुआ...।

जल्दी से वीना का जम्पर उठाकर छिलकों पर डाल देता है। और चीनी की एक प्लेट लेकर फ्राइंग पेन को उससे ढँक देता है।

जमुना : वीना!...वीना!

दरवाज़े के पास आकर दरवाज़े को धकेलकर खोलती है। श्याम कन्धे हिला करके पास से हट जाता है।

जमुना : क्या बात है, इस तरह दरवाज़ा बन्द क्यों कर रखा था? श्याम तो दरवाज़े के आगे ऐसे खड़ा था जैसे अन्दर किसी और को रोक रखा हो। क्या बात है, सब लोग इस तरह चुपचाप क्यों हो गए हो?

गोपाल : कु-कुछ नहीं, माँ! तु-तुम अ-आओ, आओ। दरवाज़ा खुला ही था। श्याम तो ऐसे ही वहाँ खड़ा था। आओ, बैठो।

जमुना : आज दो घंटे से मेरे कमरे की छत चू रही है। मैंने कितनी बार कहा था कि लिपाई करा दो, नहीं तो बरसात में तकलीफ़ होगी। मगर मेरी बात तो तुम सब लोग सुनी-अनसुनी कर देते हो। कुछ भी कहूँ, बस हाँ माँ, कल करा देंगे माँ कहकर टाल देते हो। अब देखो चलकर, कैसे हर चीज़ भीग रही है!...क्या बात है, सब लोग गुमसुम क्यों हो गए हो?...वीना, तू इस वक़्त यह चम्मच लिए क्यों खड़ी है? और गोपाल, तू वहाँ क्या कर रहा है कोने में?

गोपाल : कु-कुछ न-नहीं, माँ, यह...वह...वह वहाँ पर...क्या नाम है उसका...वह...वह...वीना का हाथ ज़रा जल गया था। मैं इसके लिए मरहम ढूँढ़ रहा था।

जमुना : हाथ जल गया? कैसे? मैं देखूँ तो।

पास जाकर वीना के दोनों हाथ पकड़कर देखती है।

वीना : नहीं माँजी, ऐसा कुछ नहीं जला है। ये तो बस यूँ ही...यूँ ही चिन्ता करने लगते हैं। बस ज़रा-सा ही था। हाथ से मल दिया, ठीक हो गया।

गोपाल : हाँ, वैसे तो बिलकुल ठीक हो गया। मगर मैंने कहा कि मरहम मिल जाए तो फिर भी लगा दूँ। कभी वक़्त पर पता नहीं चलता और बाद में तकलीफ़ बढ़ जाती है। कहते हैं कि 'प्रिवेंशन इज़ बैटर दैन क्योर', मतलब कि बाद में इलाज करने से पहले एहतियात बरतना ज़्यादा अच्छा है। इसलिए मैंने सोचा कि एहतियात के तौर पर थोड़ा मरहम लगा दूँ।

जमुना : मगर इसका हाथ जला कैसे? इस वक़्त यह ऐसा क्या काम कर रही थी?

गोपाल : कुछ नहीं, कुछ नहीं। कर कुछ नहीं रही थी। श्याम ने कहा

था, ज़रा चाय बना दो तो उसके लिए चाय बना रही थी। यूँ चाय बनाने में हाथ जलना नहीं चाहिए, मगर बाज़ वक़्त होता है। जलना था, सो जल गया। वैसे चिन्ता की कोई बात नहीं। मैं अभी मरहम लगा देता हूँ। और मरहम नहीं भी मिलता है तो कोई बात नहीं। अपने-आप ठीक हो जाएगा। बिलकुल मामूली-सा भी क्या, यही समझो कि जला ही नहीं है। अब तो महसूस भी नहीं होता होगा। क्यों, वीना?

वीना : जी हाँ, बिलकुल महसूस नहीं होता।

गोपाल : और क्या? महसूस होने की कोई बात नहीं थी। तुम नाहक फ़िक्र कर रही हो अम्मा, फ़िक्र करने की कोई बात ही नहीं है। तुम खुद देख रही हो, हाथ बिलकुल ठीक हो गया है।

जमुना : मैं पहले ही कह रही थी कि यह मरदूद बिजली का चूल्हा घर में न लाओ। मगर माँ की बात किसी के कान में जाती हो तो न! यह मरदूद हाथ नहीं जलाएगा, तो करंट मारेगा, करंट नहीं मारेगा तो हाथ जलाएगा। हमारे ज़माने में किसी ने ऐसी चीज़ों का नाम भी नहीं सुना था...यह इसके ऊपर क्या रखा है?

गोपाल : यह स्टोव के ऊपर? यह...यह...अम्मा, फ्राइंग पेन है...फ्राइंग पेन...मतलब तलने की वह...क्या कहते हैं, वह...।

जमुना : तलने की क्या? क्या बहू यहाँ अलग से तुम्हें चीज़ें तल-तलकर खिलाती है? लगता है, इसमें कोई चीज़ बनाकर रखी है। *(पास जाती हुई)* मैं भी तो देखूँ कि नई बहू क्या-क्या बनाकर खिलाती है?

फ्राइंग पेन से प्लेट उठाने लगती है। गोपाल जाकर उसे बीच में ही रोक देता है।

गोपाल : न न न न न अम्मा, इसे हाथ मत लगाना, हाथ मत लगाना। तु-तुम आप ही कह रही थीं कि यह हाथ नहीं जलाएगा तो करंट मारेगा, और करंट नहीं मारेगा तो हाथ जलाएगा। ऐसी मरदूद चीज़ का कुछ पता थोड़े ही है, अम्मा! मैं तो पछता रहा हूँ कि क्यों इसे घर में ले आया। वह वापस ले ले तो मैं अभी जाकर इसे वापस कर दूँ। मुझे पता थोड़े ही था कि इसकी वजह से...।

श्याम इस बीच चारपाई से 'चन्द्रकान्ता' उठाकर उसके पन्ने पलटने लगता है। एक बार राधा की ओर देखकर वह थोड़ा खँखारता है। राधा गम्भीर मुद्रा बनाए बैठी रहती है।

जमुना : मगर यह तो बुझा हुआ है। यह बुझा हुआ भी करंट मारता है क्या?

गोपाल : हाँ अम्मा, कभी-कभी यह बुझा हुआ भी करंट मार देता है। इसका कोई भरोसा थोड़े ही है? ऐसी चीज़ से दूर ही रहा जाए तो अच्छा है। कहीं तुम्हारा भी हाथ जल-जला गया तो मुसीबत होगी।

जमुना : अच्छा, नहीं हाथ लगाती। मगर बता तो सही कि इस पर छोटी बहू तेरे लिए बनाती क्या-क्या है? इस वक़्त भी तो कुछ बना रखा है।

गोपाल : कुछ नहीं अम्मा, इसमें कुछ ख़ास चीज़ नहीं है। वह श्याम ज़रा कह रहा था, तो उसके लिए...।

श्याम : *(सहसा चौंककर जैसे सफ़ाई देता हुआ)* भैया, मैंने कहाँ कहा था? वह तो खुद भाभी का ही ख़याल था। क्यों, भाभी?

वीना : हाँ, हाँ, मैं कब कहती हूँ कि मैंने नहीं कहा था? ठीक है, मैंने ही तुमसे कहा था...!

राधा सहसा उठकर पास आ जाती है।

राधा : वीना ने भी नहीं बल्कि हमने कहा था...!

गोपाल : *(जैसे आसमान से गिरकर)* भाभी!

राधा : हाँ, हाँ, ठीक बात तो है। हमीं ने वीना से ज़ोर देकर कहा था कि पुलटिस बनाकर श्याम के बाँध दो। इसे अपने तन-बदन की होश तो रहती नहीं। क्रिकेट खेलने में कहीं टखने पर गेंद लग गई है। दो दिन से कह रहा है कि चलने में ज़ोर पड़ता है। हमने कहा कि ठंड का दिन है, कहीं दर्द बढ़-बढ़ा गया तो बैठकर दो दिन हमीं से मालिश करवाते रहेंगे। वीना ने पुलटिस बना दी है। अभी बाँध देंगे तो रात तक ठीक हो जाएगा।

गोपाल कृतज्ञता के भाव से राधा की तरफ़ देखता है।

गोपाल : यही तो मैं कह रहा था। यह लड़का अपनी सेहत का ज़रा ख़याल नहीं रखता। बाद में जब ज़्यादा बिगाड़ हो जाता है तो मुसीबत घर वालों की होती है *(श्याम को आँख से इशारा करके)* अब पुलटिस बँधवाकर चुपके से लेट रहना। समझे?

जमुना : लाओ, मैं ही पुलटिस बाँध देती हूँ। कोई पुराना कपड़ा-वपड़ा हो तो दो। कहीं कोई नई धोती न फाड़ देना।...यह देखो, नए कपड़ों का क्या हाल कर रखा है? यह रेशमी जम्पर मेज़ पर क्यों डाल रखा है? यह मेज़ साफ़ करने के लिए है?

मेज़ से जम्पर उठाना चाहती है। मगर गोपाल फिर बीच में आकर रोक देता है।

गोपाल : रहने दो, रहने दो अम्मा, क्या ग़जब करती हो? ये काम तुम्हारे करने के हैं जो तुम कर रही हो? मैला कपड़ा है, खूँटी से मेज़ पर गिर गया होगा। अभी वीना उठाकर रख देगी।

जमुना : यह मैला कपड़ा है? और वहाँ उतनी दूर खूँटी से कूदकर यहाँ मेज़ पर आ गया? तुम लोगों के लच्छन ज़रा भी मेरी समझ में नहीं आते। नया जम्पर है, अभी दो बार भी नहीं पहना होगा, और इस तरह यहाँ गिरा रखा है! हटो, तुम लोग घर उजाड़ने पर तुले हो, तो मुझे तो घर की चिन्ता है। इतने कपड़े इधर-उधर बिखरे पड़े हैं, इनमें टिड्डियाँ लग जाएँगी तो?

फिर जम्पर उठाने लगती है, मगर गोपाल उसे कन्धे से पकड़कर पलंग की तरफ़ ले चलता है।

गोपाल : अम्मा, नहीं लगेंगी टिड्डियाँ। तुम तो ख़ामख़ाह चिन्ता करती हो। यहाँ पलंग पर बैठो और थोड़ी देर आराम करो। बैठो, बैठो...यह इस तरफ़...!

उसे दोनों कन्धों से पकड़कर पलंग पर बिठा देता है।

जमुना : हाँ, हाँ, बैठकर आराम करूँ और मेरी जगह काम कोई दूसरा करेगा! घर में करने को इतने काम पड़े हैं। इसे पुलटिस बाँध दूँ तो जाऊँ। दूसरों की मुसीबत कर देता है और आप किताबें पढ़ता रहता है।...ला, मुझे दे यह किताब और यहाँ आकर लेट जा।

उठकर श्याम के हाथ से किताब ले लेती है।

: यह कौन-सी किताब है?

श्याम : यह किताब?...यह अम्मा...यह मेरे कोर्स की...मतलब मेरे कोर्स की किताब नहीं है यह...शायद यह भाभी की किताब है...।

वीना : यह जीजी की गुटका रामायण है, माँजी! जीजी पढ़ती-पढ़ती यहाँ ले आई थीं।

श्याम : हाँ, हाँ, हाँ! भाभी की गुटका रामायण ही तो है। मैं कह रहा था कि लगती तो गुटका रामायण जैसी ही है।

जमुना : मगर गुटका रामायण तो बहुत छोटी होती है। यह तो इतनी बड़ी किताब है।

श्याम : हाँ अम्मा, पहले यह छोटी थी, अब यह—मेरा मतलब है अम्मा

कि इसका पहला एडीशन छोटा था, मगर जो नया एडीशन आया है, वह पहले से बड़ा है। इनके साइज़ बदलते रहते हैं, यह कोई ख़ास बात नहीं है। चलो अम्मा, तुम्हें बहुत काम है, मैं तुम्हें तुम्हारे कमरे में पहुँचा दूँ। गैलरी में अँधेरा है, कहीं पैर उलटा-सीधा पड़ गया तो और मुसीबत होगी।

चलने को तैयार हो जाता है।

जमुना : पाँव मेरा उलटा पड़ेगा या तेरा, जिसे चोट लगी है? मैं कह रही हूँ लेट जा, और वह मुझे कमरे में छोड़ने जाएगा!

श्याम : अरे हाँ! मेरे तो पाँव में चोट लगी है। मैं यह बात भूल ही गया था। मैं भाभी से पुलटिस बँधवाता हूँ। गोपाल भैया तुम्हें छोड़ आते हैं।

गोपाल : हाँ अम्मा, चलो मैं छोड़ आता हूँ।

जमुना : मगर मैं कहती थी कि मैं इसे पुलटिस बाँध देती...।

गोपाल : उसकी तुम चिन्ता न करो, अम्मा! वीना बहुत अच्छी तरह बाँध देगी। आओ, मेरा हाथ पकड़कर साथ-साथ आ जाओ। गैलरी में वाक़ई बहुत अँधेरा है।

बाँह पकड़कर उसे साथ ले चलता है। उसके बाहर निकलते ही श्याम फ्राइंग पेन पर झपट पड़ता है।

श्याम : भाभी, मैं ज़रा जल्दी से यह पुलटिस निगल लूँ। अगर बड़े भैया भी आ गए तो कहीं सचमुच ही इसे टख़ने पर न बँधवाना पड़े।

वीना : ठहरो, ज़रा सब्र से काम लो, उन्हें भी आ जाने दो।

श्याम : ग़लत बात है।

चम्मच भर-भरकर हलुआ मुँह में डालने लगता है।

: भाभी, सच कहता हूँ कि बग़ैर किशमिश के भी इतना मज़ेदार बना है, इतना मज़ेदार बना है कि जितनी तारीफ़ करूँ थोड़ी है।

गोपाल घबराया-सा जल्दी-जल्दी आता है।

गोपाल : इस पुलटिस को जल्दी से इधर-उधर करो, भैया आ रहे हैं।

श्याम : पुलटिस की तो आप ज़रा चिन्ता न करें। इसे तो मैं अभी साफ़ किए देता हूँ, आप छिलकों के इन्तज़ाम की सोचें।

जल्दी-जल्दी खाता है। गोपाल जम्पर उठाकर वीना को देता है।

गोपाल : इस जम्पर को इधर रखो और ये छिलके...इन्हें तुम जल्दी से मेरे किसी मोज़े में डाल दो।

वीना : मगर आपके सब मोज़े तो पहले ही पुराने छिलकों से भरे हुए हैं।

गोपाल छिलके मेज़ से उठा लेता है और उन्हें हाथों में लिए हुए असमंजस में इधर-उधर देखता है।

गोपाल : तो और किस चीज़ में डाल दें? मेरा टोप ही ले आओ, या जल्दी से मेरे कोट की ज़ेब में भर दो।

सहसा माधव गैलरी से अन्दर आ जाता है।

माधव : क्यों भाई, क्या भर रहे हो कोट की ज़ेबों में? कोई मेरे न देखने की चीज़ तो नहीं?

गोपाल : *(हताश भाव से)*, आइए, आइए भैया! आ जाइए, आ जाइए। मैं यूँ ही ज़रा इन लोगों से मज़ाक कर रहा था।

माधव : मज़ाक कर रहे थे कि छिलके तुम्हारी ज़ेब में छिपा दिए जाएँ!

हँसता हुआ स्टोव की तरफ़ जाता है।

गोपाल : जी हाँ...जी नहीं...मज़ाक नहीं...मेरा मतलब यह है कि...!

माधव : तुम्हारा मतलब मैं समझता हूँ। और तुम क्या खाकर मुँह पोंछ रहे हो, श्याम बाबू?

श्याम : मैं? मैं भैया...यह मेरे लिए...मेरे लिए भाभी ने पुलटिस बनाई थी...।

माधव : पुलटिस बनाई थी? और तुम वह पुलटिस गले से नीचे उतार गए! *(हँसकर)* ख़ूब! तो आजकल पुलटिस खाने के काम भी आने लगी! भला यह तो बताओ कि किस चीज़ की पुलटिस थी? जिस चीज़ के यह छिलके हैं, उसी की या...?

श्याम बिलकुल घबरा जाता है।

श्याम : भैया, थी तो यह पुलटिस ही, मगर जल्दी में मैंने...मेरा मतलब है कि मैंने जल्दी में...।

माधव : तुमने जल्दी में सोचा कि इसे खा डाला जाए! *(फिर हँसकर)* बहुत अच्छा किया। बनी हुई चीज़ का कोई तो इस्तेमाल होना ही चाहिए। और तुम गोपाल, तुम ये छिलके ज़ेब में क्यों भरते हो? बाहर जाकर इन्हें नाली में डाल दो। आगे से डिब्बे में भरकर बाहर ले जाने की ज़रूरत नहीं...।

गोपाल : मगर, भैया...!

माधव : भैया सब जानते हैं, राजा! वे यह भी जानते हैं कि तुम्हारे बाएँ हाथ की उँगलियाँ किस तरह पीली हुई हैं। यह भी जानते हैं कि

श्याम बाबू का दूध कमरे में क्यों जाता है। और यह भी जानते हैं कि उनके सो जाने पर उनकी बीवी मोमबत्ती जलाकर कौन-सी किताब पढ़ा करती है।

सबके मुँह से आश्चर्य से तरह-तरह के शब्द निकलते हैं। माधव हँसता रहता है।

गोपाल : भैया, अब आपसे क्या छिपाना है, आप तो सब-कुछ जानते हैं। मगर देखिए, अम्मा से नहीं कहिएगा। अम्मा को पता चल गया तो बस किसी की ख़ैर नहीं...।

माधव : अम्मा से न कहूँ *(हँसकर)* तुम समझते हो कि अम्मा यह सब नहीं जानतीं?

श्याम और गोपाल : ऐं? अम्मा भी जानती हैं?

माधव : क्यों नहीं जानतीं? अम्मा तो शायद मेरी वे बातें भी जानती हैं जो मैं समझता हूँ कि वे नहीं जानतीं। *(हँसकर)* आज से छिलके नाली में डाल दिया करो, इनके लिए डिब्बा रखने की ज़रूरत नहीं।...और जहाँ तक अम्मा का सवाल है, अम्मा इन्हें नाली में पड़े हुए भी नहीं देखेंगी।

हलकी-हलकी हँसी हँसता रहता है।

एकांकी

सिपाही की माँ

पात्र

बिशनी
मुन्नी
कुन्ती
दीनू
1 लड़की
2 लड़की
मानक
सिपाही

देहात के घर का आँगन, अँधेरा और सीलदार। आँगन के बीचोबीच एक ख़स्ताहाल चारपाई पड़ी है। एक और वैसी ही चारपाई दीवार के साथ रखी है। दाएँ कोने में दो-तीन मिट्टी की हँडियाँ पड़ी हैं। सामने एक लकड़ी का टूटा हुआ दरवाज़ा है, जो घर के अन्दर खुलता है। दरवाज़े पर एक अँगोछा और चारपाई पर एक फटी हुई धोती सूख रही है। बाईं ओर बाहर जाने का रास्ता है, जिसमें किवाड़ नहीं है।

परदा उठने पर बिशनी चारपाई के पास मोढ़े पर बैठी चरखे पर सूत कातती दिखाई देती है। उसके चेहरे पर झुर्रियाँ पड़ी हैं और बाल सब सफ़ेद हो चुके हैं। मुन्नी, उसकी चौदह बरस की लड़की, बाहर की चौखट से सटकर खड़ी है। उसकी हरे रंग की सलवार-कमीज़ बहुत मैली हो रही है। कुछ क्षण चरखे की आवाज़ और कबूतरों की गुटर-गूँ सुनाई देती है। बीच-बीच में बिशनी थोड़ा खाँस लेती हैं। फिर घोड़ा-गाड़ी के दूर से आने और रुकने का शब्द सुनाई देता है।

मुन्नी : *(पीछे की ओर मुड़कर उत्तेजित स्वर से)* डाक वाली गाड़ी आ गई, माँ! मैं अभी चिट्ठी पूछकर आती हूँ।

मुन्नी बाहर चली जाती है। बिशनी आँखें मूँदकर हाथ जोड़ लेती है। कबूतरों की गुटर-गूँ का स्वर पहले तेज़ होकर फिर मन्द हो जाता है।

बिशनी आँखें खोलकर दरवाज़े की ओर देखती है। मुन्नी निराश और थकी-सी लौट आती है।

बिशनी : क्यों री, डाक वाली गाड़ी ही थी?

मुन्नी : हाँ, डाक वाली गाड़ी ही थी!

घोड़ा-गाड़ी के चलने और क्रमशः दूर होने का शब्द सुनाई देता है। मुन्नी बिशनी के मोढ़े के पास फ़र्श पर बैठ जाती है। बिशनी के चेहरे की रेखाएँ गाढ़ी हो जाती हैं।

बिशनी : *(ठंडी साँस लेकर)* आज भी चिट्ठी नहीं आई! जाने भाग में क्या लिखा है?

मुन्नी : आज सिरफ चौधरी का पिलसन का मनीआडर आया है। और कोई चिट्ठी नहीं आई।

बिशनी : ये मुए जाने चिट्ठी रास्ते में रख लेते हैं कि क्या करते हैं? मेरा मानक तो ऐसा नहीं कि दो-दो महीने चिट्ठी ही न लिखे। पहले हर पन्द्रहवें रोज़ चिट्ठी आ जाती थी। अबकी न जाने कौन पहाड़ रास्ते में खड़ा हो गया है? कम-से-कम अपनी राजी-खुशी तो लिख देता।

मुन्नी : माँ, मेरा दिल कहता है कि अगले मंगल को भैया की चिट्ठी ज़रूर आएगी।

बिशनी : तेरा दिल तो हर मंगल को कहता है, पर चिट्ठी आने का नाम नहीं लेती। जाने भाग में क्या खोट है जो चिट्ठी के लिए इतना तरसना पड़ता है! इस बार यह घर आ ले, फिर मैं इससे पूछूँगी...।

मुन्नी : पिछली चिट्ठी में भैया ने लिखा था कि वे ब्रम्मा की लड़ाई पर जा रहे हैं। माँ, शायद उन्हें लड़ाई में चिट्ठी लिखने की फुरसत ही न मिलती हो।

बिशनी : इतनी भी फुरसत नहीं मिलती कि माँ को चार हरफ लिखकर डाल दे? उसे यह नहीं पता कि मेरी चिट्ठी जाती है तो माँ के कलेजे में जान पड़ती है! माँ के कौन दो-चार हैं जिनके सहारे वह परान लेकर बैठी रहेगी? नदीदे को यह बात तो सोचनी चाहिए।

मुन्नी बिशनी के घुटने पर बाँहें फैलाकर उन पर सिर रख देती है।

मुन्नी : तुम फिकर क्यों करती हो, माँ? देख लेना अगले मंगल को चिट्ठी ज़रूर आएगी।

कुछ क्षण निःस्तब्धता। बिशनी मुन्नी को घुटने से हटाकर फिर चरखा चलाने लगती है। मुन्नी उठकर सूखी हुई धोती को चारपाई से समेटने लगती है।

मुन्नी : *(धोती तह करते हुए बीच में रुककर)* ब्रम्मा यहाँ से कितनी दूर होगा, माँ?

बिशनी : चौधरी कहता था कि कोई सौ कोस दूर है। जाने चौधरी को भी पता है या नहीं? जब जो उसके मुँह में आता है कह देता है।

मुन्नी : चौधरी यह भी कहता है कि वहाँ गाड़ी-मोटर नहीं जाती। पानी वाले जहाज़ में बैठकर वहाँ जाते हैं।

बिशनी : यह तो मानक भी कहता था कि कलकत्ते से ब्रम्मा पानी वाले जहाज़ में बैठकर जाते हैं। मानक कलकत्ते के समुन्दर में पानी वाले जहाज़ देखकर आया था।

मुन्नी : ब्रम्मा से चिट्ठी भी तो फिर, माँ, जहाज़ में ही आती होगी। अगर हमारी चिट्ठी वाला जहाज़ डूब गया हो तो...?

बिशनी : ऐसी काली ज़बान न बोल। मुँह अच्छा न हो तो बात तो आदमी अच्छी करे। मानक कहता था कि जहाज़ इत्ता बड़ा होता है कि हमारे जैसे चार गाँव एक जहाज़ में आ जाएँ।...इत्ता बड़ा जहाज़ कैसे डूब सकता है?

मुन्नी : *(संकोच के साथ)* माँ, पता नहीं, सच है या झूठ, पर चौधरी कहता था कि लड़ाई में हर रोज़ कोई-न-कोई जहाज़ डूब जाता है।

बिशनी : चौधरी एक लड़ाई क्या हो आया है, दुनिया-भर की सारी अकल उसके पेट में आ गई है। वह यहाँ ही बैठा सब-कुछ जानता है। अपनी तिरिया के चरित्तर का पता नहीं, जहाज़ डूबने का पता है!

मुन्नी धोती तह करके अन्दर ले जाती है। बाहर से पड़ोसिन कुन्ती आँगन में आती है। अधेड़ होने पर भी उसके चेहरे पर स्वास्थ्य की लाली झलकती है।

कुन्ती : बिशनदेई, आज भी कोई चिट्ठी नहीं आई?

बिशनी : आ कुन्ती!

चरखा-पूनी अलग हटा देती है। कुन्ती उसके नज़दीक चारपाई पर आ बैठती है।

कुन्ती : कहते हैं, आजकल ब्रम्मा में बड़े ज़ोर की लड़ाई हो रही है।

बिशनी : वहाँ से कौन ब्रम्मा होकर आया है? लड़ाई का हाल वहाँ वालों को पता है कि यहाँ वालों को पता है? चौधरी रोज़ घर बैठा ख़बरें घड़ता रहता है, मानक आएगा तो पता चलेगा कि यह कितना विदवान है। आज यह जो जी में आए कह ले, सब सच है।

कुन्ती : बेचारा जल्दी घर वापस आ जाए और आकर बहन के हाथ पीले करे। सब सहेलियाँ तो इसकी एक-एक करके चली गईं। धन्नो भी बैसाख में चली जाएगी। बस दो महीने में ही सब-कुछ करना-धरना है। ये सारा शहर ढूँढ़ आए हैं, पर कहीं दस गज़ मलमल नहीं मिली। सब चीज़ें जैसे विलायत चली गई हैं।...तूने अभी इसके लिए कोई वर-घर नहीं देखा?

बिशनी : वर-घर देखकर ही क्या करना है, कुन्ती? मानक आए तो कुछ

हो भी। तुझे पता ही है, आजकल लोगों के हाथ कितने बढ़े हुए हैं।

कुन्ती : पर तू देख, चौदह की तो हो ही गई है, अब घर में रखकर और कितनी बड़ी करेगी? मेरी धन्नो को अभी तेरहवाँ चल रहा है, पर लोगों ने जान खा ली थी कि लड़की मुटियार हो गई है, अब जल्दी से इसे कहीं विदा करो।...तू मानक के आने तक देखभाल तो कर। और जाने मानक को आने में अभी कितने दिन लगते हैं? लड़ाई का कुछ पता है?

बिशनी : नहीं, वह चार-छै महीने में ज़रूर आ जाएगा। वह कह गया था कि जल्दी-से-जल्दी छुट्टी लेकर मिलने के लिए आएगा। उसे गए भी अब सात महीने हो गए हैं।

कुन्ती : हाँ, शायद चार-छै महीने में आ जाएगा। पर बिशनदेई, लड़ाई का मुँह शेर का मुँह है। शेर का मुँह किसने सूँघकर देखा है? लड़की तो देखते-देखते ताड़ हुई जा रही है। तू कहे तो मैं कहीं खोज-ख़बर करती हूँ। मानक जाने साल में आता है कि छै महीने में आता है कि...।

दीनू कुम्हार, हड्डियों का चलता-फिरता ढाँचा-सा, बाहर से हाँफता हुआ आता है। उसके सिर के और दाढ़ी के बाल आधे पक चुके हैं। हाथ मिट्टी में सने हैं।

दीनू : मुन्नी की माँ, आज तो हद हो गई।

बिशनी : किस बात की हद हो गई? इतना हाँफ क्यों रहा है?

दीनू : बताने की बात नहीं, तू बाहर निकलकर अपनी आँखों से देख...।

बिशनी : कुछ बताएगा भी, बात क्या है?

दीनू : बात क्या है, तमाशा है। सच कहता हूँ मुन्नी की माँ, बेसरमी की हद हो गई।

बिशनी : क्या फिर वह चौधरी की राँड...?

दीनू : नहीं, उसकी बात नहीं है। दो जवान छोकरियाँ आज कहीं से आई हैं। उनका ऐसा बेसरमी का पहिरावा है कि तुमसे क्या कहूँ? रंग काला है पर बिलकुल मेमों की तरह टिटफिट चलती हैं। और घर-घर जाकर आटा-दाल माँग रही हैं। इतनी ज़िन्दगी चली गई, पर ऐसी बेसरमी कभी नहीं देखी।

दीनू बाहर की ओर झाँककर देखता है। मुन्नी अन्दर से आ जाती है।

दीनू : *(मुड़कर)* वे तेरे घर की तरफ़ ही आ रही हैं।...मुन्नी को अन्दर

भेज दे। मैं जाकर चौधरी को ख़बर सुना दूँ।

दीनू बाहर चला जाता है। बिशनी, कुन्ती और मुन्नी उत्सुक आँखों से बाहर की ओर देखती हैं। दो बर्मी लड़कियाँ बाहर से आती हैं। वे जाँघों तक लम्बे मैले फ्रॉक पहने हैं। दोनों के हाथों में एक-एक थैला है।

कुन्ती : *(बिशनी के कान में फुसफुसाकर)* ये लड़कियाँ क्रिस्टान हैं।

बिशनी उसका मतलब न समझकर प्रश्न भरी नज़र से उसकी ओर देखती है।

कुन्ती : *(उसी स्वर में)* क्रिस्टान होती हैं जो मरदों को घरों में रखती हैं और आप बाहर घूमती हैं।

1 लड़की : थोड़ा दाल-चावल दे दीजिए माँजी, परमात्मा आपका भला करेगा।

2 लड़की : हम रिफ़्यूजी लोग हैं माँजी, बहुत दूर से भूखे-प्यासे आ रहे हैं।

1 लड़की : हम लोग रंगून से आ रहे हैं। हज़ारों लोग वहाँ से घर-बार छोड़कर चले आए हैं। हम एक घर की दस औरतें यहाँ से तीन मील दूर एक पुरानी धरमशाला में पड़ी हैं। हमारे दो भाई रास्ते में मारे गए हैं। थोड़ा दाल-चावल दे दीजिए माँजी, आपकी जान की दुआ...!

कुन्ती : *(बिशनी के कान के पास)* ये लड़कियाँ क्रिस्टान नहीं हैं। इनके लच्छन अच्छे नज़र नहीं आते।

बिशनी : *(लड़कियों के चेहरे पर दृष्टि जमाए हुए)* हाय री, तुम इस तरह भीख क्यों माँग रही हो? देखने में तो तुम अच्छे घर की नज़र आती हो...?

1 लड़की : पहले जब घर-बार था तब और बात थी, माँजी! अब घर-बार उजड़ गया है तो भीख का ही आसरा है। जापानी जहाज़ों ने बम मार-मारकर सारा शहर उजाड़ दिया है। रोज़ वहाँ गोला-बारी होती है। यहाँ तो आप लोग स्वर्ग में रहती हैं, माँजी! लड़ाई की वजह से हमारा मुल्क तो बिलकुल तबाह हो गया है! फ़ौज को छोड़कर और कोई वहाँ नहीं रहा...।

मुन्नी : *(ज़रा आगे आकर)* माँ, यह कहती है इनके मुलक में बहुत लड़ाई होती है। इससे पूछो, ब्रम्मा इनके मुलक से कितनी दूर है?

2 लड़की : हमारे मुल्क का नाम ही बर्मा है, बहन जी! हमारा शहर रंगून बर्मा में ही है।

बिशनी और मुन्नी : *(एक साथ)* तुम लोग ब्रम्मा से आई हो?

1 लड़की : हाँ माँजी, हम बर्मा से ही आई हैं। वहाँ रहने वाले हज़ारों-लाखों

की जानें चली गई हैं। जिसको जिधर रास्ता मिलता है वह उधर भागकर जान बचाने की कोशिश करता है। बहुत लोग भरे हुए घर छोड़कर चले आए हैं। माँजी, आज हम लोग आप लोगों के ही आसरे हैं। जो कुछ थोड़ा-बहुत आप लोगों के घरों से मिल जाता है उसी से...।

बिशनी : *(बात काटकर)* क्यों री, ब्रम्मा में बहुत लड़ाई हो रही है?

1 लड़की : वहाँ दिन-रात आग बरसती है, माँजी! हम लोग फिर भी खुश-किस्मत हैं जो जान लेकर निकल आए हैं। तेरह दिन तक हम लोग भूखे-प्यासे जंगली रास्ते में चलते रहे हैं।

मुन्नी : तुम लोग ब्रम्मा से पैदल चलकर आई हो?

1 लड़की : जी हाँ, जान बचाने का यही एक रास्ता था! रास्ते में जंगल में बड़ी-बड़ी दलदलें पड़ती हैं। हममें से एक औरत एक दलदल में फँसकर वहीं रह गई...।

मुन्नी : माँ, ये कहती हैं कि वहाँ से पैदल आई हैं और चौधरी कहता था कि वहाँ पानी वाले जहाज़ से जाते हैं?

1 लड़की : जी, असली रास्ता जहाज़ का ही है। मगर उस रास्ते में बहुत ख़तरा है। जापानी लोग जहाज़ों को रास्ते में डुबो देते हैं। और हम लोगों को जहाज़ मिलते भी नहीं। जहाज़ों पर सिर्फ़ फ़ौजी लोग आते-जाते हैं।

बिशनी : *(सिहरकर)* जब जहाज़ डूब जाते हैं तो फ़ौजी लोग क्यों जहाज़ों पर आते हैं? सरकार इतनी मूरख है कि फ़ौजियों को डूबने के लिए भेज देती है?

1 लड़की : फ़ौजी लोग समुन्दर में जाकर लड़ते हैं, माँजी! जहाज़ों-जहाज़ों में लड़ाइयाँ होती हैं। उधर से जापानी जहाज़ गोले चलाते हैं और इधर से अंग्रेज़ों के जहाज़। ऊपर से हवाई जहाज़ मार करते हैं। बड़ी भयानक लड़ाई होती है!

बिशनी के चेहरे की रेखाएँ गाढ़ी हो जाती हैं। वह चरखे को अपनी ओर खींचने का प्रयत्न करती है, पर उसके हाथ जैसे निःशक्त हो रहे हैं।

मुन्नी : तुम जिस रास्ते आई हो, उस रास्ते से फ़ौजी नहीं भागकर आ सकते?

1 लड़की : नहीं, फ़ौजी वहाँ लड़ने के लिए हैं, वे नहीं भाग सकते। जो फ़ौजी छोड़कर भागता है, उसे गोली मार दी जाती है...।

बिशनी : *(सिहरकर)* हाय, नहीं।...फ़ौजियों को भागने की क्या ज़रूरत है?

उन्हें अपनी मियाद पर छुट्टी मिल जाती है।...जिसे आना होगा वह छुट्टी लेकर आएगा, भागकर क्यों आएगा?...वे इतने अनजान थोड़े ही हैं?

2 लड़की : आपके बच्चों की बड़ी उमर होगी, माँजी! हमें दो मुट्ठी चावल दीजिए।

कुन्ती : यहाँ हमारे अपने खाने को चावल नहीं हैं और इन लोगों को चावल चाहिए...।

बिशनी : मुन्नी!

मुन्नी सामने आ जाती है।

बिशनी : जा, अन्दर हँडिया से कटोरी भर चावल ले आ।

मुन्नी अन्दर चली जाती है। कुन्ती असन्तोषपूर्ण दृष्टि से लड़कियों को देखती रहती है। कुछ क्षण ख़ामोशी रहती है। बिशनी सिर झुकाए कुछ सोचती रहती है।

बिशनी : *(सिर उठाकर)* क्यों री, ब्रम्मा से यहाँ तक कितने दिन का पैदल रास्ता है?

1 लड़की : दिनों का कोई हिसाब नहीं है, माँजी! पहुँच जाएँ तो महीना-बीस दिन में पहुँच जाएँ और न पहुँच पाएँ तो कभी भी न पहुँच पाएँ। एक तो रास्ते में इतने घने जंगल हैं, फिर जंगली जानवर हैं और फिर पता नहीं कहाँ दुश्मन की फ़ौज का मोर्चा हो। जंगल के चप्पे-चप्पे में लड़ाई चलती है, माँजी! हमने रास्ते में सैकड़ों सिपाहियों की गली-सड़ी लाशें देखी थीं। यहाँ हिन्दुस्तानी सिपाहियों की लाशें पड़ी मिलतीं तो वहाँ जापानी सिपाहियों की। *(सिहरकर)* उनकी हालत देखकर दिल दहल जाता था...।

बिशनी : *(विह्वल स्वर में)* हाय, बस करो...!

अपने पल्ले में आँखें छिपा लेती है। मुन्नी अन्दर से चावल लेकर आती है और एक लड़की उन्हें अपने झोले में डलवा लेती है।

1 लड़की : अच्छा माँजी, परमात्मा आपको सुखी रखे!

दोनों लड़कियाँ बाहर चली जाती हैं। कुन्ती चारपाई सरकाकर बिशनी के मोढ़े के बहुत पास आ जाती है।

कुन्ती : *(बिशनी के कन्धे पर हाथ रखकर)* बिशनदेई!

बिशनी पल्ले से आँखें पोंछकर सिर ऊपर उठाती है।

कुन्ती : तू इस तरह दिल क्यों हलका कर रही है? क्या पता है, ये ब्रम्मा से आई हैं या कहाँ से आई हैं? मुझे तो इनका चरित्तर ऐसा-वैसा

ही लगता है। हाय रे राम! लड़कियाँ हैं कि साँड़नियाँ!

मुन्नी बिशनी के पास फ़र्श पर बैठ जाती है।

मुन्नी : *(बिशनी के घुटने को सहलाते हुए)* माँ, मैं जो तुमसे कहती हूँ कि अगले मंगल को भैया की चिट्ठी ज़रूर आएगी। जितनी हमें फिकर है, भैया को भी तो वहाँ उतनी ही फिकर होगी।

बिशनी : *(आँखें पोंछती हुई)* मैं कब कहती हूँ कि उसे फिकर नहीं? पर इतना तो लिख दे कि माँ मैं यहाँ हूँ, अच्छी तरह से हूँ...।

मुन्नी : और क्या पता माँ, कि भैया आप छुट्टी लेकर आ रहे हों और इसलिए उन्होंने चिट्ठी न लिखी हो...?

बिशनी : *(ठंडी साँस लेकर)* क्या पता?

मुन्नी बिशनी के घुटने के साथ सटकर उसकी छाती पर सिर रख देती है।

मुन्नी : मेरा दिल कहता है कि भैया आप आएँगे।

बिशनी कुछ न कहकर उसके सिर पर हाथ फेरने लगती है।

कुन्ती : *(अपनी ही सोच से जागकर)* ये लड़कियाँ इतनी बड़ी हो जाती हैं, फिर भी इनके घर वाले इनका ब्याह नहीं करते?

बिशनी : क्या मालूम?

मुन्नी की ठुड्डी उठाकर पल-भर उसका चेहरा देखती रहती है। फिर उसका माथा चूमकर उसे साथ सटा लेती है।

बिशनी : तेरा दिल ठीक कहता है, बेटी! चिट्ठी न आई तो वह आप ही आएगा!

मुन्नी लाड़ से माँ के गले में बाँहें डाल देती है। बिशनी उसे चूमकर और साथ सटा लेती है।

[पर्दा गिरता है।]

दूसरा दृश्य

वही आँगन। समय रात। दोनों चारपाइयाँ आँगन में बिछी हैं। दाईं ओर की चारपाई पर मुन्नी हथेलियों पर चेहरा टिकाए बैठी है। उस चारपाई पर ओढ़ने के लिए एक फटी हुई लोई रखी है। दूसरी चारपाई पर घिसी हुई दरी बिछी है और ऊपर दोहरा सूती खेस पड़ा है। बिशनी जलती हुई ढिबरी लिए अन्दर से आँगन में आती है।

बिशनी : *(पास आकर)* तू अभी सोई नहीं?

मुन्नी : *(चौंककर)* मुझे नींद नहीं आई।...अभी सो जाती हूँ।

लोई खींचकर अपनी टाँगों पर कर लेती है।

बिशनी : इतनी रात चली गई और तुझे अभी नींद नहीं आई!

मुन्नी : तुम भी तो अभी तक जाग रही हो।

बिशनी : मेरी उमर में तो वैसे ही नींद नहीं आती।...अब सो जा, सवेरे उठकर गोबर लाना है।

बिशनी अपनी चारपाई पर आ बैठती है। मुन्नी लेट जाती है। कुछ क्षण निःस्तब्धता रहती है।

मुन्नी : *(करवट बदलकर)* माँ, आज तारो ससुराल से वापस आ गई है।

बिशनी : *(अन्यमनस्क भाव से)* अच्छा!

मुन्नी : उसके घरवाले ने इस बार उसे सच्चे मोतियों के कड़े बनवा दिए हैं। वह आज गाँव में सबको दिखाती फिर रही थी। उसके कड़ों के मोती तारों की तरह चमकते हैं। बन्तो के कड़े भी उसके सामने कुछ नहीं हैं।

बिशनी : अच्छा, अच्छा! तेरा भैया आएगा तो तेरे लिए उससे भी अच्छे कड़े और चूड़ियाँ लाएगा। अब सो जा, नहीं तो सबेरे तेरी नींद नहीं खुलेगी।

मुन्नी अच्छी तरह लोई ओढ़कर करवट बदल लेती है। बिशनी ढिबरी बुझाकर कोने में रख देती है और आप भी खेस ओढ़कर लेट जाती है। उसके ढिबरी बुझाते ही प्रकाश का रंग पीले से हलका नीला हो जाता है। साथ टिड्डियों की चिक-चिक का शब्द सुनाई देने लगता है जो क्रमशः काफ़ी तेज़ हो जाता है। बिशनी करवट बदलती है। प्रकाश हलके से गहरा नीला हो जाता है और दूर एक कुत्ते के रोने की आवाज़ सुनाई देती है। फिर दूर गोली चलने का शब्द सुनाई देता है और कई व्यक्तियों के कराहने की आवाज़ें आती हैं। बिशनी चौंककर उठ बैठती है। उसके उठने के साथ ही प्रकाश का रंग फिर हलका नीला हो जाता है।

बिशनी : मानक! *(इधर-उधर देखकर)* मानक!

कुछ ऐसा शब्द सुनाई देता है जैसे दूर आँधी चल रही हो।

: *(घबराए हुए स्वर में)* मानक!

बाहर से एक आहत व्यक्ति की आवाज़ सुनाई देती है–

'माँ!' बिशनी चारपाई से उठ पड़ती है।

: *(अस्त-व्यस्त भाव से)* तो सचमुच तू ही है, मानक?...कहाँ है, बेटे?

सुनसान में झिल्लियों के बोलने का-सा शब्द सुनाई देता है और फिर जैसे कोई भागता हुआ आता है। बिशनी अस्त-व्यस्त भाव से चारों ओर देखती रहती है। फ़ौजी लिबास पहने एक घायल युवक डगमगाता-सा बाहर से आकर बिशनी के पैरों के पास गिर जाता है। बिशनी तड़पकर उसके पास ज़मीन पर बैठ जाती है।

: मानक!

उसका सिर गोदी में लेकर आवेगवश उस पर झुक जाती है। मानक कठिनता से सिर उठाता है।

मानक : माँ!

बिशनी : *(उसका सिर हाथों में लेकर विह्वल स्वर में)* तू ऐसा क्यों हो रहा है, बेटे?...क्या हुआ है तुझे?

मानक : मैं घायल हूँ, माँ! मुझे बहुत गोलियाँ लगी हैं। और...और दुश्मन अब भी मेरे पीछे लगा हुआ है।

बिशनी : दुश्मन? कौन दुश्मन तेरे पीछे लगा हुआ है? तेरा कौन दुश्मन है?

मानक सीधा होने की चेष्टा करता है, पर सफल नहीं हो पाता।

मानक : वह...वह...उसे...उसको मैंने कई गोलियाँ मारी थीं। मगर वह मरा नहीं। वह ज़िन्दा है।...वह मेरे पीछे लगा हुआ है।...वह मुझे मारना चाहता है।...उसने मेरा सारा शरीर जख़्मी कर दिया है।...मैं दौड़ता हूँ तो वह पीछे दौड़ता है। मैं रेंगता हूँ तो वह पीछे रेंगता है। वह मुझे नहीं छोड़ेगा। वह बड़ा ख़तरनाक है...पानी!

बिशनी : तू उठ, चारपाई पर लेट जा। मैं तेरे लिए दूध गरम करती हूँ।

मानक : दूध नहीं, पानी। और यहीं। वह अभी यहाँ आ जाएगा। जल्दी। उधर देख। अँधेरे में। वह आ तो नहीं रहा?

बिशनी व्याकुलतापूर्वक बाहर की ओर देखती है।

बिशनी : नहीं, बेटे! कोई नहीं है। तू यूँ ही घबरा रहा है। उठ, आराम से चारपाई पर लेट जा...।

मानक : नहीं।...पानी!

बिशनी पल-भर असमंजस में रहकर उसे छोड़कर उठ खड़ी

होती है और अन्दर चली जाती है। दो क्षण बाद वह पीतल के गिलास में पानी लिए हुए बाहर आती है। उसके हाथ काँप रहे हैं।

बिशनी : यह ले बेटे, पानी। आराम से पीना। छोटा-छोटा घूँट करके। निरे हाल पानी पेट में जाकर लगता है। पहले थोड़ा कुछ खा लेता...।

मानक : नहीं। मेरी भूख मर गई है, माँ! मुझे अब भूख नहीं लगती। पानी...!

बिशनी गिलास लिए हुए उसके पास बैठ जाती है। मानक गिलास उसके हाथ से लेकर गटागट पानी पी जाता है। उसी समय किसी का हास्य-स्वर सुनाई देता है। मानक के हाथ से गिलास गिर जाता है। वह बाहर की ओर देखता है। उधर अँधेरे में एक बन्दूक का कुन्दा चमकता है। मानक सरककर माँ के नज़दीक हो जाता है। बिशनी उसे बाँहों में समेट लेती है।

मानक : यह वही है। वह देख, माँ! वह आ गया है। वह देख...।

अँधेरे में बन्दूक का कुन्दा आगे की ओर बढ़ता है। साथ फिर हास्य-स्वर सुनाई देता है और फ़ौजी लिबास में एक और आकृति प्रकट होती है। बिशनी मानक को साथ सटा लेती है। आने वाला सिपाही पास आकर फिर हँसता है।

सिपाही : तू इसे गोद में लिए बैठी है?...देखती नहीं, यह मुर्दा है?

बिशनी सिर से पाँव तक सिहर जाती है। मानक उठने के लिए जद्दोजहद करता है।

मानक : यह झूठ कहता है!...मैं मुर्दा नहीं हूँ। मैं हिल-डुल सकता हूँ, बात कर सकता हूँ...मैं मुर्दा नहीं हूँ।

बिशनी : *(उसे और साथ सटाकर, आश्वस्त स्वर में)* हाँ बेटे! तेरी जान के साथ तेरी माँ की जान है। मैं जीती हूँ तो तुझे कैसे कुछ हो सकता है?

सिपाही बन्दूक का कुन्दा मानक के पास ले आता है।

सिपाही : इसे कैसे कुछ हो सकता है? मैं अभी इसका शरीर गोलियों से छलनी कर दूँगा। फिर मैं इसकी लाश ले जाकर जंगल में चील और कौओं के आगे डाल दूँगा...

हँसता है और बन्दूक का कुन्दा मानक के बहुत निकट कर देता है। बिशनी कुन्दा हाथ से पकड़ लेती है। मानक खड़ा होने की चेष्टा करता है, पर लुढ़क कर बिशनी की गोद में गिर जाता है। बिशनी उसे अच्छी तरह छाती से लगा लेती है। सिपाही बन्दूक का कुन्दा उसके हाथ से छुड़ाकर उसे घूरकर देखता है।

: तू इसे बचाना क्यों चाहती है? तू इसकी क्या लगती है?

बिशनी : मैं इसकी माँ हूँ। मैं तुझे इसे नहीं मारने दूँगी।

सिपाही : तू इसकी माँ है? *(उसे और भी घूरकर देखकर)* पर तू देखने में तो इस वहशी की माँ नहीं लगती।...तुझे पता है, यह लड़ाई में वहशियों की तरह गोलियाँ चलाता है। इसने न जाने कितने सिपाहियों की जान ली है!...यह इनसान नहीं, जानवर है। और तू कहती है कि तू इसकी माँ है!

बिशनी : मैं इसकी माँ हूँ। मेरा बेटा वहशी नहीं है। इसने किसी की जान नहीं ली। यह किसी की जान नहीं ले सकता। यह तो मरता हुआ कबूतर भी आँखों से नहीं देख सकता। मैं इसे लड़ाई पर नहीं जाने दूँगी। यह घर में मेरे पास रहेगा...।

सिपाही : यह घर में रहेगा?...मगर यह तो हज़ारों का दुश्मन है। हज़ारों इसके दुश्मन हैं। वे इसको खोज रहे हैं। वे इसकी जान लेना चाहते हैं। *(मानक को पैर से ठोकर मार कर)* अब इसकी जान नहीं बच सकती। मैदान में हज़ारों सिपाही मर रहे हैं। यह वहाँ जाएगा तो भी मारा जाएगा और यहाँ रहेगा तो भी...।

फिर मानक को ठोकर मारने लगता है, पर बिशनी उसका पाँव पकड़ लेती है।

बिशनी : नहीं, तू इसे नहीं मार। देख, इसका शरीर कितना घायल है! तू भी तो आदमी है। तेरा भी घर-बार होगा। तेरी भी माँ होगी। तू माँ के दिल को नहीं समझता। मैं अपने बच्चे को अच्छी तरह से जानती हूँ। यह दिल का बहुत भोला है। इसकी किसी के साथ दुश्मनी नहीं है।

सिपाही हँसता है।

सिपाही : इसकी किसी के साथ दुश्मनी नहीं है?...यह देख (बटन खोलकर अपना लहू से तरबतर सीना दिखाता है), ये सब घाव इसी के किए हुए हैं। मैं इन घावों से कब का मर चुका होता।

लेकिन मैं सिर्फ़ इसे मारने के लिए ज़िन्दा हूँ। इसे मारे बिना मैं नहीं मरूँगा।

बिशनी : तू बात क्यों नहीं समझता? मैं इसकी माँ हूँ। मैं इसे अच्छी तरह से जानती हूँ। यह किसी दुश्मनी से लड़ाई में नहीं गया। इसे मैंने लड़ाई में भेजा था।...इसकी बहन अब ब्याहने जोग हो गई है। छह महीने-साल में हमें उसका ब्याह करना है। हमारे घर की हालत बहुत ख़राब है। अगर लड़की के ब्याहने की चिन्ता न होती तो हम लोग आधा पेट खाकर रह लेते, पर मैं कभी इसे लड़ाई पर न भेजती। इस लड़के के सिवा घर में कोई कमाने वाला नहीं है। मैंने सोचा था कि लड़की ब्याही जाएगी तो फिर इसे लड़ाई पर नहीं जाने दूँगी। फिर मैं इसका भी ब्याह कर दूँगी और इसे अपने पास घर में रखूँगी। मुझे क्या पता था कि लड़ाई में जाकर इसकी ऐसी हालत हो जाएगी? आज यह इस हाल में घर आया है। मैं इसे आज अपने से कैसे अलग कर सकती हूँ? इसकी जगह तू होता तो तेरी माँ तुझे अपने से अलग होने देती?

सिपाही : मेरी माँ...? *(ज़रा-सा हँसकर)* मेरी माँ अब पागल हो गई है। वह रोज़ मेरी मौत का इन्तज़ार करती है। वह हँसकर कहती है कि थोड़े दिनों में मेरे बेटे की लाश घर आएगी। मेरी बीवी ने अभी से बेवा का स्वाँग बना लिया है। उसने मुझे लिखा है कि जिस दिन वह मेरे मरने की ख़बर सुनेगी उस दिन गले में फाँसी लगाकर मर जाएगी। उसके पेट में छह महीने का बच्चा है। उसके साथ ही वह भी मर जाएगा। *(फिर से सीना खोलकर दिखाता है।)* और तेरे लड़के ने देख मेरा क्या हाल किया।...यह अभी भी मेरे ख़ून का प्यासा है। इसकी आँखों को देख। इसकी आँखों में तुझे वहशियाना चमक दिखाई नहीं देती?

बिशनी : नहीं-नहीं, इसकी आँखें ऐसी नहीं हैं। इस समय इसकी आँखें ऐसी लगती हैं। पर इनका असली रंग ऐसा नहीं है...।

सिपाही : तू इसकी आँखों का रंग नहीं पहचानती। तू इसकी माँ है, पर तू इस रंग का मतलब नहीं जानती। इसकी आँखों में दुश्मनी है। जब तक मैं सामने हूँ, इसकी आँखों का रंग नहीं बदलेगा। देख, यह कैसे आँखों में ख़ून भरकर मुझे देख रहा है!

मानक सहसा अपने को झटककर उठ खड़ा होता है।

वह सिपाही का गला दबाने के लिए उस पर झपटना चाहता है, पर सिपाही झट से बन्दूक का कुन्दा फिर तान लेता है। बिशनी जल्दी से बन्दूक के कुन्दे के आगे आ जाती है।

बिशनी : नहीं, तू इसे नहीं मारेगा। तुझे तेरी माँ की सौगन्ध, तू इसे नहीं मारेगा।

सिपाही : मैं इसे नहीं मारूँगा तो यह मुझे मार देगा। तू यही चाहती है?

बिशनी : नहीं, यह तुझे नहीं मारेगा। मैं इसकी माँ हूँ। मैं इसे जानती हूँ। यह तुझे कभी नहीं मारेगा...।

मानक : *(वीभत्स स्वर में)* मैं इसे नहीं मारूँगा। *(रौद्र भाव से आगे बढ़ता हुआ)* नहीं! मैं इसे ज़रूर मारूँगा, मैं अभी इसके टुकड़े-टुकड़े कर दूँगा।

आगे बढ़कर सिपाही को धक्का देता है। जिससे वह लड़खड़ाकर पीछे गिर जाता है और बन्दूक उठा लेता है और उसका कुन्दा सिपाही के सीने की ओर तान देता है।

: मैं वहशी हूँ! मैं जानवर हूँ। मैं वहशी और जानवर से भी बढ़कर हूँ। इस तरह मेरी तरफ़ क्यों देख रहा है? उठ, उठकर मुझे ठोकर लगा...!

उसी तरह हँसता है जैसे वह सिपाही हँस रहा था। बिशनी जल्दी से बन्दूक के कुन्दे के सामने आ जाती है।

बिशनी : नहीं मानक, तू इसे नहीं मारेगा! यह भी हमारी तरह ग़रीब आदमी है। इसकी माँ इसके पीछे रो-रोकर पागल हो गई है। इसके घर में बच्चा होने वाला है। यह मर गया तो इसकी बीवी फाँसी लगाकर मर जाएगी...।

मानक बिशनी को झटककर बीच में से हटा देता है।

मानक : मैं इसे नहीं छोड़ूँगा। यह दुश्मन है। मैं इसको अभी मार दूँगा, अभी। यहीं...।

बिशनी : नहीं मानक, तू इसे नहीं मारेगा...।

फिर बीच में आने का प्रयत्न करती है, पर मानक उसे फिर झटककर हटा देता है। बिशनी चारपाई पर गिरकर हाथों में मुँह छिपा लेती है। सिपाही पार्श्व की ओर हटता है। मानक उसके साथ-साथ आगे बढ़ता है।

मानक : मैं इसे अभी मार दूँगा। अभी इसकी बोटी-बोटी अलग कर दूँगा...।

सिपाही और मानक की आकृतियाँ धीरे-धीरे पार्श्व में जाकर विलीन हो जाती हैं। बिशनी हाथों में मुँह छिपाए हुए चिल्ला उठती है।

बिशनी : मानक! मानक!

एक साथ चार-छह गोलियाँ चलने और उसके साथ सिपाही के कराहने का शब्द सुनाई देता है। सहसा ख़ामोशी छा जाती है। बिशनी फिर उसी तरह चिल्लाती है।

: मानक! मानक!

मुन्नी जल्दी से करवट बदलकर उठ बैठती है।

मुन्नी : *(घबराए हुए स्वर में)* माँ!

बिशनी : *(उसी तरह)* मानक!

मुन्नी जल्दी से उठकर ढिबरी जला देती है। प्रकाश का रंग हलके नीले से फिर पीला हो जाता है। मुन्नी बिशनी की चारपाई पर आ बैठती है।

मुन्नी : क्या बात है, माँ?

बिशनी आँखों से हाथ उठाकर चुँधियाई-सी नज़र से चारों ओर देखती है।

बिशनी : *(कुछ खोजती-सी)* मानक!

मुन्नी : तुम रोज़ भैया के ही सपने देखती हो, माँ? मैंने तुमसे कहा था, अगले मंगल को भैया की चिट्ठी ज़रूर आएगी।

बिशनी : *(जैसे आत्मगत)* चिट्ठी आएगी!...और वह आप...?

मुन्नी : थोड़े दिनों में भैया आप भी आएँगे। तुम आप ही कहती थीं कि वे जल्दी आएँगे और मेरे लिए कड़े और चूड़ियाँ लाएँगे...।

बिशनी : कड़े और चूड़ियाँ?...ओ मुन्नी!

उसे अपने साथ सटा लेती है और आँखों से टप-टप पानी बरसने लगता है।

मुन्नी : भैया मेरे लिए जो कड़े लाएँगे, वे तारो और बन्तो के कड़ों से भी अच्छे होंगे न, माँ?

बिशनी आँखें बन्द करके नकारात्मक भाव से सिर हिलाती है, पर शीघ्र ही अपने को सँभाल लेती है।

बिशनी : हाँ बेटी, तेरे कड़े सबके कड़ों से अच्छे होंगे।

मुन्नी : सुच्चे मोतियों के कड़े होंगे न, माँ?

बिशनी : हाँ बेटी, सुच्चे मोतियों के कड़े...!

उसका माथा चूमकर उसे अलग हटा देती है।

: अब सो जा, अभी बहुत रात बाक़ी है।

मुन्नी अपनी चारपाई पर चली जाती है। बिशनी उठकर ढिबरी बुझा देती है। उसके ढिबरी बुझाते ही गहरा अँधेरा छा जाता है। अँधेरे में बिशनी के बुदबुदाने का स्वर सुनाई देता है।

: ताती वा ना लगाई, पार ब्रह्म सहाई।
राखनहारे राखिआ, प्रभु व्याधि मिटाई...।*

[पर्दा गिरता है।]

---

* ये पंक्तियाँ 'दुःखभंजनी साहब' के 'बिलावल महल्ला पंजवां' से ली गई हैं, जो मूलतः इस प्रकार हैं–

'ताती वाओ न लागई, पार ब्रह्म सरनाई,
चौगिर्द हमारे रामकर, दुःख लगे न भाई।
सतगुरु पूरा भेटिया, जिन बनत बनाई,
रामनाम औखद दिया, एका लिव लाई।
राख लए तिनि राखन हार सब ब्याधि मिटाई,
कहो नानक किरपा भई, प्रभ भए सहाई।' –सं.

एकांकी

प्यालियाँ टूटती हैं

पात्र

माधुरी और **मीरा** दोनों बहनें सुन्दर हैं, दोनों की वेशभूषा भी सुरुचिपूर्ण है। माधुरी बड़ी होती हुई भी बड़ी नहीं लगती, बल्कि बातचीत और व्यवहार में मीरा की अपेक्षा ज़्यादा नए रंग में रची हुई प्रतीत होती है। फिर भी उसमें आत्मविश्वास कम है और उसके चेहरे से ही प्रतीत होता है कि उसमें हीनता की भावना है।

पम्मी तेरह-चौदह बरस की लड़की है। उसका बात करने का ढंग ऐसा है, जैसे लाड़ कर रही हो। बाल कटे हैं और जाँघों तक का फ्राक पहनती है।

दीवानचन्द बुज़ुर्ग आदमी है। चेहरे से उसकी उम्र का अन्दाज़ा नहीं होता, जो पचास से पैंसठ के बीच कुछ भी हो सकती है। दाढ़ी के सब बाल सफ़ेद हैं और लगता है, उसने कई महीनपे से हजामत नहीं बनवाई। कपड़े भी काफ़ी मैले हैं। बातें करते हुए उसकी आँखें बार-बार मुँद जाती हैं।

भोलानाथ दुनियादार आदमी है और बड़ी उम्र के बावजूद चुस्त दिखाई देता है। मूँछ गहरी काली हैं और साफ़ पता चलता है कि उन्हें खिज़ाब से रँगा गया है। वह उन आदमियों में है, जो अपने को काफ़ी महत्त्वपूर्ण समझते हैं और दूसरों से व्यंग्यपूर्ण ढंग से बात करते हैं।

महिपत में वे सब विशेषताएँ हैं, जो एक अमीर घर के नौकर में आमतौर पर पाई जाती हैं।

मंच

एक नए बने हुए बँगले का पीछे की तरफ़ का बरामदा, जिसके आगे छोटा-सा लॉन है। बरामदे में दो बड़े-बड़े दरवाज़े हैं जो अन्दर कमरों में खुलते हैं। जब कोई भी दरवाज़ा खुलता है, तो आगे नीले रंग का फूलदार परदा दिखाई देता है। दरवाज़ों और ऊपर के रोशनदानों की बनावट बिलकुल आधुनिक क़िस्म की है।

बरामदे से लॉन में आने के लिए एक पैड़ी नीचे उतरना पड़ता है। लॉन में दोनों ओर गमलों की पंक्तियाँ तरतीबवार रखी हैं, जिनमें डेलिया, गुलाब, फ्लाक्न और पॉपी आदि फूल लगे हैं। बरामदे के साथ-साथ भी गमलों की एक पंक्ति लगी है।

एक छतरी लॉन के बीच में लगी है, जिसके इर्द-गिर्द छह-सात बेंत की आराम-कुर्सियाँ पड़ी हैं। साथ दो गोल तिपाइयाँ हैं, जिन पर सुन्दर मेज़पोश बिछे हैं। दाईं ओर सफ़ेद कपड़े से ढँकी हुई बड़ी मेज़ है, जिस पर चाय का सामान लगाया जा रहा है।

समय

अप्रैल के महीने में एक दिन बाद दोपहर।

परदा उठने पर माधुरी चाय वाली मेज़ के पास व्यस्त दिखाई देती है। मीरा छतरी के पास कुरसी पर बैठी एक फ़िल्मी पत्रिका के पन्ने पलट रही है। प्यालियों को ठीक से रखने की चेष्टा में एक प्याली माधुरी के हाथ से गिरकर टूट जाती है।

माधुरी : लो, एक और प्याली टूट गई।

मीरा बिना सिर उठाए पत्रिका के पन्ने पलटती रहती है।

मीरा : तो क्या हुआ? प्यालियाँ तो टूटती रहती हैं।

माधुरी : जब एक के बाद एक इस तरह प्यालियाँ टूटती हैं तो ज़रूर कोई-न-कोई अनिष्ट होता है।

मीरा पत्रिका तिपाई पर फेंककर माधुरी की ओर देखती है।

मीरा : प्याली टूट गई, यही अनिष्ट है। बाक़ी तो मन का वहम होता है।

माधुरी गिरी हुई प्याली का एक टुकड़ा उठा लेती है।

माधुरी : साठ रुपये का सेट आया था, तबाह हो गया।

मीरा हलकी-सी जम्हाई लेती है।

मीरा : पुरानी चीज़ तबाह हो, तभी तो नई आती है। नया आ जाएगा।

माधुरी : ये टुकड़े उठवा दूँ। *(आवाज़ देकर)* महिपत!

दाईं ओर का दरवाज़ा खुलता है और महिपत जल्दी में आता है।

महिपत : जी!

बरामदे से उतरते हुए ठोकर खाकर गिरने लगता है, मगर किसी तरह सँभल जाता है।

माधुरी : सँभलकर नहीं चला जाता? अभी मुँह के बल गिर पड़ता।...ये प्याली के टुकड़े यहाँ से साफ़ कर!

हाथ का टुकड़ा फेंक देती है।

महिपत : एक और प्याली टूट गई?

माधुरी : हाँ।

महिपत : आज आपके हाथ से बहुत प्यालियाँ टूट रही हैं।

माधुरी : तुझसे टुकड़े उठाने के लिए कहा है। बात करने को किसने कहा है?

महिपत : जी, उठा तो रहा हूँ।

माधुरी : अच्छी तरह देख लेना, कोई टुकड़ा रह न जाए।

महिपत टुकड़े बीनकर खड़ा होता है।

: ये टुकड़े फेंककर कपड़े बदल ले। अभी मेहमानों के आने का वक़्त हो रहा है!

महिपत : जी!

चला जाता है। माधुरी मीरा के निकट आ जाती है।

माधुरी : मीरा, आज मेरा मन कुछ उखड़ा-उखड़ा-सा है। सिर भी भारी है। न जाने क्यों?

मीरा : थोड़ी देर कुरसी पर बैठकर आराम कर लो। ठीक हो जाओगी।

माधुरी कुरसी पर बैठ जाती है।

माधुरी : मिसेज़ मेहता को चाय के लिए कहकर मैंने तो मुसीबत मोल ले ली है।

मीरा पत्रिका पर झुककर फिर पन्ने पलटने लगती है।

मीरा : क्यों? इसमें घबराने की ऐसी क्या बात है? तुम्हारे यहाँ तो रोज़ किसी-न-किसी की चाय रहती है।

माधुरी : पर तुम मिसेज़ मेहता को जानती नहीं हो। बहुत नख़रे वाली औरत है।

मीरा : नख़रे वाली है तो क्या हुआ? तुम्हारी चाय भी तो कम नख़रे की नहीं होती...।

माधुरी : फिर भी उस औरत का कुछ नहीं कहा जा सकता। तुम्हारे सामने मुसकराती रहेगी और हर चीज़ देखकर 'हऊ नाइस', 'हऊ ब्यूटीफ़ुल' कहती रहेगी। बाद में दूसरे लोगों के सामने तरह-तरह के मज़ाक उड़ाएगी।

मीरा : तुम्हें तो ख़ामख़ाह का कॉम्प्लेक्स है, दीदी! अपनी अच्छी-से-अच्छी चीज़ पर भी तुम्हें भरोसा नहीं होता। तुम्हारी वह किस चीज़ का मज़ाक उड़ाएगी?

माधुरी : यह मैं नहीं जानती। मैंने दोनों सेट महिपत से अच्छी तरह स्टीम

कराए हैं। सवेरे लॉन की घास भी कटवाई थी। टूटे हुए गमले उठवा दिए हैं। फिर भी उसकी नज़र कुछ-न-कुछ ढूँढ़ ही निकालती है। अपने रहन-सहन का उसे बहुत गुमान है।

मीरा पत्रिका हाथ में लिए हुए पीछे टेक लगा लेती है।

मीरा : होने दो। तुम्हारा रहन-सहन किसी से कम नहीं है। तुम्हारे जैसा लॉन किसी का क्या होगा? मेरा ही दिल देखकर ईर्ष्या से भर जाता है।

जम्हाई लेकर गमलों की तरफ़ देखती है और सहसा उठ खड़ी होती है।

: यह तुम्हारी पॉपी बहुत ख़ूबसूरत है। अभी मँगवाई है?

पास जाकर पॉपी के फूलों को सहलाने लगती है।

माधुरी : यह विलायती पॉपी है। मिसेज़ राबिन्सन के बाग़ से आई है।

मीरा : इतनी ख़ूबसूरत पॉपी मैंने आज तक नहीं देखी।

माधुरी उठकर उसके निकट चली जाती है।

माधुरी : मेरे यहाँ तो इसके दो ही पौधे हैं। मिसेज़ राबिन्सन के यहाँ पूरी-की-पूरी रो इस पॉपी की है।

मीरा : हाँ, सुना है मिसेज़ राबिन्सन को फूलों का बहुत शौक है।

माधुरी : उसने बाक़ायदा अपनी नर्सरी बना रखी है। जानती हो, उसकी नर्सरी में कितनी तरह का गुलाब है? कम-से-कम पचास तरह का। बिलकुल काला और बिलकुल सफ़ेद गुलाब तुमने देखा है? बहुत ख़ूबसूरत होता है। मिसेज़ राबिन्सन सैकड़ों रुपया फूलों के बीज मँगवाने पर ख़र्च करती हैं।

मीरा : यही तो बेचारी की ज़िन्दगी है। फूल लगा ले या मिशन को दान दे दे।

माधुरी : टेस्ट की भी बात है। घर ख़ूबसूरत हो तो इनसान को अपना-आप ख़ूबसूरत लगता है। नहीं?

फिर आकर कुरसी पर बैठ जाती है। मीरा गमलों के पास टहलती रहती है।

मीरा : तुम्हारा घर किसी से कम ख़ूबसूरत नहीं है। मिसेज़ राबिन्सन के यहाँ केवल फूल-ही-फूल हैं। तुम्हारे जैसे परदे और कारपेट तो नहीं हैं।

माधुरी : लेकिन फिर भी मुझे अपना घर अधूरा-सा लगता है।

मीरा : तुम जैसी पर्फ़ेक्शन चाहती हो, वैसी पर्फ़ेक्शन दुनिया में कहीं मिलती है, जीजी?

माधुरी : मैं ख़ुद नहीं जानती कि मैं क्या चाहती हूँ, लेकिन यह सब मुझे अधूरा-अधूरा-सा ज़रूर लगता है।

मीरा : यह केवल कॉम्प्लेक्स है, और कुछ नहीं। मिस्टर और मिसेज़ मेहता को किस समय आना है? साढ़े पाँच बजे न?

माधुरी : और पाँच दस हो गए हैं।

मीरा : अभी पाँच दस ही तो हुए हैं। तुम इतना नर्वस हो जाती हो कि बस...।

माधुरी : नर्वस? हाँ मीरा, मैं इस समय ज़रूर नर्वस हूँ। आज सुबह से मेरे हाथ से प्यालियाँ टूट रही हैं।

मीरा : तो क्या हुआ? हर आदमी के हाथ से प्यालियाँ टूटती हैं।

माधुरी : हुआ कुछ नहीं...मगर...कुछ हो सकता है।

मीरा : क्या हो सकता है?

माधुरी : क्या पता? कुछ भी हो सकता है।

बाईं ओर का दरवाज़ा खुलता है और पम्मी बरामदे से उछलकर उनके पास आ जाती है।

पम्मी : ममी, वे उधर आए हैं, वे...।

माधुरी सहसा उठकर खड़ी हो जाती है।

माधुरी : मिस्टर और मिसेज़ मेहता आ गए?

पम्मी : नहीं ममी, मिस्टर और मिसेज़ मेहता नहीं आए। वे आए हैं... स्यालकोट वाले मौसा जी।

माधुरी परेशान हो उठती है।

माधुरी : दीवानचंद?...मीरा, मैं तुमसे क्या कह रही थी?

मीरा : क्या?

माधुरी : कि मेरे हाथ से प्यालियाँ टूट रही हैं तो ज़रूर कुछ-न-कुछ होगा।

मीरा : जीजा दीवानचंद के आने में ऐसी कौन-सी बात है, दीदी? कभी-कभार वे हमारे यहाँ भी इसी तरह चक्कर लगा जाते हैं।

माधुरी : वह तो ठीक है। लेकिन ये जब भी आते हैं तो मुझे न जाने कैसा-कैसा लगता है।

मीरा : कैसा लगता है?

माधुरी : न जाने कैसा? इन्हें देखकर मुझे एक घिनौनी-सी सिहरन होती है।

मीरा : तो उसमें क्या है? इनकी चाल-ढाल और पहरावा ही ऐसा है।

माधुरी : ये जैसे उन गुज़रे हुए दिनों की छाया हैं।...आज मिस्टर और मिसेज़ मेहता की पार्टी है, और ये बेवक़्त यहाँ पहुँचे हैं। वे लोग इन्हें यहाँ देख लें, तो क्या सोचेंगे?

मीरा : तुम इन्हें उनके आने से पहले ही विदा कर दो।

माधुरी : इन्हें विदा होने-होने में एक घंटा लगता है। अभी तो आए ही हैं। पम्मी, कपड़े-अपड़े कुछ ठीक पहने हुए हैं या उसी तरह...?

पम्मी : वही कपड़े जो हमेशा पहनकर आते हैं। मैला चीकट तहमद, ऊपर वैसी ही कमीज़ और गले में लाल अँगोछा।

माधुरी के चेहरे पर परेशानी की रेखाएँ गहरी हो जाती हैं।

माधुरी : बताओ, मैं क्या करूँ? राधा दीदी के नाते इन्हें बरदाश्त करना पड़ता है, लेकिन ये हैं कि बस...।

पम्मी : आज माथे पर गेरू का तिलक भी लगाए हैं। कहते हैं, चिन्तपुरनी होकर आ रहे हैं।

माधुरी : ड्राइंग-रूम में बैठे हैं?

पम्मी : नए सोफ़े पर पालथी मारकर बैठे हैं।

माधुरी : तुझे कुछ दिया-विया तो नहीं?

पम्मी : मुझे पास बुला रहे थे, लेकिन मैं गई नहीं। मुझे उनके कपड़ों से बदबू आती है।

माधुरी : बड़ी मुसीबत है। एक बार इनकी बातों का सिलसिला आरम्भ हो जाए, तो फिर समाप्त ही नहीं होता। हमेशा वही बातें—बीबी, स्यालकोट के दिन होते तो यह होता, वह होता। दीवानचंद आज भी शाह दीवानचंद होता। दीवानचंद की हवेली खड़ी होती।... दीदी चली गई, लड़की पाकिस्तान में रह गई, मगर ये मैले-चीकट शाह यहाँ पहुँच गए।

पम्मी : ममी, ऐसे आदमी को घर में नहीं आने देना चाहिए। देखो, कितना बुरा लगता है।

माधुरी : अब यह ज़बरदस्ती का रिश्ता है। किसी दिन दो-चार गुलाब-जामुन ले आएँगे। किसी दिन खट्टे चनों का कुल्लढ़ भर लाएँगे और जाते हुए एक मैला पुराना रुपये का नोट पम्मी के हाथ में

दे जाएँगे। चार पैसे की चीज़ लाएँगे और मेरे कारपेट अपने जूते से ख़राब कर जाएँगे। पम्मी, आज फिर कोई स्यालकोट का क़िस्सा सुना रहे हैं?

पम्मी : नहीं, आज पापा को चिन्तपुरनी की यात्रा का हाल सुना रहे हैं।

माधुरी : इनकी चिन्तपुरनी की यात्रा हो गई, और मिसेज़ मेहता दस जगह मेरा मज़ाक उड़ाती फिरेगी। कितने इंसेंसिटिव लोग होते हैं!... मीरा, तुम वहाँ फूल सूँघ रही हो, मुझे बताओ, मैं क्या करूँ?

मीरा : दीदी, मेरा इस पॉपी को देख-देखकर जी नहीं भरता। शरारती बच्चों की तरह मुँह खोलकर हँसते हुए ये फूल सचमुच बेहद ख़ूबसूरत हैं।

माधुरी : मगर मुझे बताओ, मैं इस समय क्या करूँ?

मीरा : पम्मी से कहो, अपने पापा के कान में जाकर कह दे कि उन्हें जल्दी से विदा कर दें।

माधुरी : जैसे वह इतने से ही विदा हो जाएँगे।

पम्मी उसका हाथ दबाकर आँख से संकेत करती है।

पम्मी : ममी! वे इधर ही आ रहे हैं।

दूर से ही दीवानचंद के बोलने की आवाज़ सुनाई देने लगती है। बाईं ओर का दरवाज़ा खुलता है और दीवानचंद तथा भोलानाथ निकलकर बरामदे में आ जाते हैं। भोलानाथ के चेहरे का भाव ऐसा है, जैसे व्यर्थ की मुसीबत ढो रहे हों, यद्यपि ओठों पर हलकी-सी मुसकराहट भी है। दोनों बरामदे से लॉन में आ जाते हैं।

दीवानचंद : उसके आगे तीन कोस की यात्रा है। मगर सच पूछो तो चलते हुए पता ही नहीं चलता कि रास्ता तीन कोस है कि एक कोस है कि है ही नहीं। प्रेम से कीर्तन करते और माता की जय बुलाते हुए पहुँच गए—'जय माता की'।

माधुरी : आइए, जीजा जी!

मीरा : नमस्ते, जीजा जी!

दीवानचंद : अच्छा, मीरा बीबी भी यहाँ है? वाह-वाह!

पम्मी मुँह बनाए हुए अन्दर चली जाती है।

: बैठो, माधुरी बीबी! बैठो, बैठो।...मैंने सोचा कि बहुत दिन हो गए पम्मी से मिले हुए, जाकर मिल आऊँ। पम्मी बेटी!...अरे,

अन्दर भाग गई?...पम्मी!

माधुरी : आप बैठिए, जीजा जी! पम्मी अभी आ जाएगी।...अँ...आप चाय-वाय पिएँगे?

भोलानाथ : आए हैं तो पिएँगे ही। कभी-कभार तो बेचारे आते हैं।

मीरा : जीजा जी का शरीर अब पहले से बहुत विरध हो गया है। इन्हें जाने-आने में काफ़ी कष्ट होता होगा।

भोलानाथ : ये चिन्तपुरनी की पैदल यात्रा कर आए हैं और तुम कहती हो, इन्हें आने-जाने में कष्ट होता होगा! मैं तो समझता हूँ कि इनकी सेहत पहले से अच्छी हो गई है।

दीवानचंद : सेहत-वेहत अब क्या अच्छी होगी, बाबू भोलानाथ? लेकिन मैं अब इसकी परवाह नहीं करता। न जाने कितनी घड़ी की माया है? रह गई तो आठ-दस साल रह गई, न रही तो इस घड़ी का भी भरोसा नहीं।

भोलानाथ : अभी आपकी आयु बड़ी लम्बी है। बीस-पच्चीस साल तो कम-से-कम समझिए। मुझे तो आप अब स्यालकोट से ज़्यादा तन्दुरुस्त दिखाई देते हैं।

माधुरी और परेशान हो जाती हैं।

माधुरी : आप स्यालकोट की बातें क्यों उठा रहे हैं?

भोलानाथ : ये आए हैं तो क्या स्यालकोट की बातें नहीं होंगी?

हँसता है।

माधुरी : छोड़िए भी, मेरे दिल को दुख होता है।...इनके दिल को भी दुख होता है।

दीवानचंद : दुख तो होता ही है, बीबी! मगर बैठ जाएँ, सब लोग खड़े ही क्यों हैं?

एक कुरसी पर बैठ जाता है। और सब भी एक-एक करके बैठते हैं।

: स्यालकोट की बातें स्यालकोट के साथ ही रह गईं। कहाँ दीवानचंद की भरी-पूरी हवेली और कहाँ ये आज के दिन...!

मीरा : उन दिनों की बातों को छोड़िए, उन्हें सोचने में अब क्या रखा है?

दीवानचंद ठंडी साँस लेता है।

दीवानचंद : छोड़ दिया, मीरा बीबी! अब तो बस उन दिनों की बातें-ही-बातें हैं। अब न हाथ-पैर चलते हैं और न आँखों से ठीक सूझता है।

कभी हाथ आग में जला लेता हूँ, कभी उँगली चाकू से काट लेता हूँ।

मीरा : आप सौ-सौ काम-धन्धे भी तो करते रहते हैं। अब तो आपको सब काम-धन्धे छोड़कर घर पर आराम करना चाहिए।

दीवानचंद : काम-धन्धा न करूँ, बीबी, तो खाऊँगा कहाँ से? पेट को भी तो पालना है। कभी शाह दीवानचंद सोने का था, आज मिट्टी का भी नहीं।

अँगोछे से माथे और गले का पसीना पोंछता है।

मीरा : सवा पाँच हो चुके हैं।

माधुरी : आई एम फ़ीलिंग अपसेट।

मीरा : डोंट बी नर्वस।

दीवानचंद : मेरे दिल को यही देखकर ठंडक पड़ती है कि तुम लोग, मेरे बच्चे, अब अच्छी तरह से हो। यहाँ आकर भोलानाथ ने नए सिरे से सब-कुछ बनाया-किया है। तुम लोगों ने सिर ढँकने के लिए यह छत खड़ी कर ली, मेरे लिए यही सोना है।

माधुरी : जीजा जी, जो कुछ हो रहा है, आपके आशीर्वाद से ही हो रहा है। इन्होंने किसी तरह अपनी जान मारकर यह छोटा-सा घर बना लिया है।

दीवानचंद : यही बड़ी बात है। देखकर मेरा कलेजा ठंडा होता है।... मीरा बीबी, लोग तो उधर से आकर यहाँ दर-बदर हो गए, भीख तक माँगने लगे। मैं हाथ की मेहनत करके पेट पाल लेता हूँ, यही क्या कम है? इसी में समझ लो अपनी इ़ज़्ज़त बनी हुई है।

मीरा : आप अपने साथ वहाँ से कुछ नहीं लाये थे?

दीवानचंद : जो कुछ ला सकता था, ले आया था—बस ये चार-पाँच जानें...।

माधुरी : मीरा, तुम भी जानबूझकर पुराने क़िस्से छेड़ रही हो।

मीरा : मैं तो वैसे ही पूछ रही थी। सॉरी।

दीवानचंद : थोड़ा-सा रुपया-पैसा जिस गाँठ में लाया था, वह गाँठ-की-गाँठ मैंने लाहौर के अड्डे पर हवाई जहाज़ वालों को दे दी। मैंने कहा कि मेरी ये चार-पाँच जानें हैं, इन्हें किसी तरह दिल्ली पहुँचा दो। पम्मी तब मेरी शुक्ला जितनी ही बड़ी थी। निक्कू शायद आठ-दस साल का होगा। ये लोग यहाँ पहुँच गए, तो मैंने समझा कि मेरा सब-कुछ पहुँच गया।

मीरा : इट्स गैटिंग लेट।

माधुरी : व्हट कैन आई डू एबाउट इट?

भोलानाथ कन्धे हिलाकर उठ खड़ा होता है।

भोलानाथ : मैं उधर जाकर देखता हूँ। शायद वे लोग आ रहे हों।

माधुरी : आ जाएँ तो उन्हें ड्राइंग-रूम में ही बिठाइएगा।

भोलानाथ चला जाता है।

दीवानचंद : दीवानचंद पहले सूम था। सब लोग कहते थे, दीवानचंद सूम है। मगर उन दिनों की मार-काट ने इसे भी नसीहत दे दी। मगर नसीहत आई कब? जब घर-परिवार उजड़ गया, उसके बाद। मैंने कहा, दीवानचंद, पहले तूने बुराई बोई थी, सो तुझे बुराई मिली। अब कुछ नेकी बो। जैसे तेरे लिए शुक्ला थी बिलकुल वैसे ही निक्कू और पम्मी हैं। पम्मी और शुक्ला तो बिलकुल एक-सी लगती थीं। क्यों, माधुरी बीबी?

माधुरी : हाँ-आँ...एक-सी ही लगती थीं।

दीवानचंद : आज भी इसे देख लेता हूँ तो मन खिल उठता है।...अपनी शुक्ला ही सामने आ जाती है।

ठंडी साँस लेता है। माधुरी चेष्टा करके जम्हाई रोकती है।

माधुरी : हम तो अकसर उसकी बात किया करते हैं। कितनी प्यारी बच्ची थी!

मीरा : न जाने कौन मरदूद उठाकर ले गए? अब जाने बेचारी कहाँ है, कैसी है? जीजी, सी द टाइम!

माधुरी : फ़ाइव एटीन।...महिपत!

महिपत अन्दर से आवाज़ देता है।

महिपत : आया जी!

दाएँ दरवाज़े से बाहर आता है।

माधुरी : चाय का पानी ख़ूब गर्म है न?

महिपत : जी!

माधुरी : और सब सामान ठीक है?

महिपत : जी!

माधुरी : टीकोज़ी नई वाली निकालना, जो ये कश्मीर से लाए थे।

महिपत : अच्छा जी!

जाने लगता है।

मीरा : और सुन!

महिपत रुककर उसकी ओर देखता है।

महिपत : जी!

मीरा : जल्दी से चाय की एक प्याली बना ला। एकदम जल्दी।

महिपत : एक प्याली?

मीरा : हाँ-हाँ, एक प्याली। चीनी ज़्यादा हो।

महिपत : जी!

कन्धे हिलाकर चला जाता है। माधुरी कुरसी से उठ खड़ी होती है।

माधुरी : तुम जीजा जी को चाय पिलाओ, मीरा! मैं उतनी देर में अन्दर जाकर देख लूँ कि...!

दीवानचंद : क्या बात है, माधुरी बीबी? कुछ उतावली में दिखाई देती हो!

माधुरी : जी हाँ...हाँ...कुछ उतावली ही है। इनके एक दोस्त हैं, आज हमने उन्हें चाय पर बुलाया है। इसीलिए हम ज़रा...।

दीवानचंद : ठीक है। तुम लोग उनकी चाय का इन्तज़ाम करो। मेरे लिए चाय की प्याली रहने दो। हुआ तो बाद में पी लूँगा। दीवानचंद का अपना घर है। तुम लोग चाय पी-पिलाकर ख़ाली हो जाओ, तो...।

माधुरी मुश्किल से अपनी झुँझलाहट दबाती है।

माधुरी : नहीं जीजा जी, आप क्या उतनी देर बैठे रहेंगे? हमें...अ...उन लोगों को जाने यहाँ कितनी देर लग जाए! आप चाय की प्याली पी लीजिए...।

भोलानाथ अन्दर से आता है। माधुरी एकदम घबरा जाती है।

: वे लोग आ गए क्या?

भोलानाथ : अभी नहीं आए।...इन्हें अभी चाय नहीं पिलाई?

माधुरी : इनकी चाय आ रही है।

दीवानचंद : मैं आज तुम लोगों के पास एक ख़ास बात के लिए आया था। तुम लोग जल्दी में हो, इसलिए कहता था कि तुम लोग ख़ाली हो जाओ तो ही...।

भोलानाथ के माथे पर बल पड़ जाते हैं।

भोलानाथ : आपको जो कहना है अभी कह दीजिए। बाद में आज वक़्त नहीं मिलेगा।

दीवानचंद हक्का-बक्का-सा उसकी ओर, फिर मीरा और माधुरी की ओर देखता है। फिर किसी तरह बात कहने के लिए तैयार होता है।

दीवानचंद : बात यह है, बाबू भोलानाथ, कि देवी ने इस बार मुझ पर बहुत कृपा की है।

भोलानाथ : यह तो सचमुच खुशी की बात है।...मगर आप हमारे लिए कुछ कह रहे थे।

दीवानचंद : देवी ने मेरी खोई हुई शुक्ला मुझे मिला दी है।

भोलानाथ : शुक्ला?...यह कैसे हो सकता है? शुक्ला तो पाकिस्तान में रह गई थी।

माधुरी : चिन्तपुरनी में वह कैसे पहुँच गई?

मीरा : और दस साल बाद आपने उसे पहचान लिया? तब तो वह सिर्फ़ चार साल की थी...।

दीवानचंद : मेरा मतलब उससे नहीं, एक और लड़की से है। मेरी शुक्ला पम्मी जैसी लगती थी न? यह भी बिलकुल पम्मी जैसी ही लगती है।

माधुरी : तो आप ग़ैर लड़की की बात कर रहे हैं?

दीवानचंद : नहीं, माधुरी बीबी, मुझे वह ग़ैर नहीं लगती। सूरत-शक्ल से, चाल-ढाल से मुझे वह बिलकुल अपनी शुक्ला और पम्मी जैसी ही नज़र आती है।

मीरा : बेचारी पम्मी को रहने दीजिए। उसका नाम क्यों ख़ामख़ाह साथ लेते हैं?

दीवानचंद : पम्मी भी तो मेरी अपनी बच्ची है, मीरा बीबी!...मैं तो तुम्हें भी अपनी बच्ची की तरह मानता हूँ, चाहे तुम कितनी ही बड़ी हो गई हो।

हलकी बुज़ुर्गाना हँसी हँसता है।

: वहाँ देवी के मन्दिर के बाहर मैंने इस लड़की को देखा। यह वहाँ यात्रियों से पैसा-पैसा माँग रही थी।

भोलानाथ : तो किसी भीख माँगने वाली लड़की की बात है। इस तरह की सैकड़ों भिखारिनें वहाँ जाती हैं।

दीवानचंद : मैंने और सैकड़ों को नहीं, बस इसी एक को देखा। इसके कपड़े फटकर तार-तार हो रहे थे। शरीर कपड़ों में छिप नहीं रहा था। और मैंने देखा कि वहाँ ऐसे नेकबख़्त भी हैं, जो इसकी तरफ़ भूखी आँखों से देखते हैं...।

भोलानाथ झुँझला उठता है।

भोलानाथ : ख़ैर, उस लड़की की बात छोड़िए। यह बताइए कि आप मुझसे क्या कहना चाहते हैं?

दीवानचंद : मैं वही बात कह रहा हूँ, बाबू भोलानाथ! मैं उस लड़की को वहाँ से अपने साथ ले आया हूँ...।

माधुरी झटका खाई-सी कुरसी पर बैठ जाती है। भोलानाथ घूमकर मीरा की कुरसी के पास आ जाता है।

भोलानाथ : तो आप उस भिखारिन लड़की को साथ घर ले आए हैं।...ख़ूब!

माधुरी : जीजा जी, आपको हम लोगों की इज़्ज़त का तो कुछ ख़याल करना चाहिए। इस तरह एक भिखारिन को घर लाकर...!

जैसे आवेश में उसे आगे शब्द नहीं मिलते। भोलानाथ मीरा की कुरसी की बाँह पर बैठ जाता है।

भोलानाथ : अच्छा ही है। इन्हें किसी के साथ की ज़रूरत भी थी। अब इनका दिल लगा रहेगा। आदमी के लिए अकेले ज़िन्दगी काटना बहुत मुश्किल होता है।

मीरा अर्थपूर्ण दृष्टि से माधुरी को देखती है।

मीरा : पाँच बाईस हो गए।

माधुरी फिर कुरसी से उठ जाती है।

माधुरी : पाँच बाईस हो गए। और महिपत अभी चाय की प्याली लेकर नहीं आया।...महिपत!

महिपत : *(अन्दर से)* जी, आया।

दीवानचंद : नौकर को मना ही कर दो, माधुरी बीबी! तुम्हारे मेहमान आने वाले हैं।

माधुरी : जी नहीं, अभी ले आता है। मगर आप...।

भोलानाथ : हाँ, तो आप कह रहे थे कि आप उस लड़की को घर ले आए हैं।

दीवानचंद : हाँ, मैं उसे साथ घर ले आया हूँ। वह हमारे जैसे अच्छे ख़ानदान की ही लड़की है। मगर उसके माँ-बाप पाकिस्तान में मारे गए थे। मैंने अपने से कहा दीवानचंद, जिस लड़की के लिए तू इतना व्याकुल था, समझ ले आज वह तुझे मिल गई है। मैंने तभी मन में तय कर लिया कि इसे पास रखकर अपने दिल की सब हसरतें पूरी करूँगा। इसे पढ़ाऊँगा, इसका

ब्याह करूँगा। इससे मुझे अपनी ज़िन्दगी भी इस तरह बेकार नहीं लगेगी।

भोलानाथ : तो आप उस भिखारिन का ब्याह रचाएँगे...ख़ूब!

दीवानचंद : अब उसे भिखारिन क्यों कहते हो, बाबू भोलानाथ? अब तो वह मेरी लड़की है।

माधुरी : जो जगह-जगह जाकर पैसा-पैसा माँगती रही है, उसे आप अपनी लड़की कैसे कहते हैं? जाने कहाँ-कहाँ, किस-किस के पास वह रही है और क्या-क्या उसके साथ हुआ है! ऐसी लड़की को बेटी बनाकर आप उसका ब्याह करेंगे!

दीवानचंद : मैं सब जानता हूँ, माधुरी बीबी! पर मेरी शुक्ला के साथ भी तो क्या-क्या बीती होगी? वह आज मुझे मिल जाती तो उसे मैं ठुकरा देता? और इस लड़की को मैं न मिलता, इसका बाप मिल जाता...वह इसे छोड़ देता?

मीरा : लेकिन आप उसे पढ़ाएँगे, उसका ब्याह करेंगे, तो उसके लिए रुपये-पैसे की ज़रूरत नहीं पड़ेगी? आप तो कह रहे थे कि आपके पास कुछ भी नहीं है।

दीवानचंद : आज मैं इसीलिए बाबू भोलानाथ के पास आया हूँ।

भोलानाथ : मेरे पास?

दीवानचंद : बाबू भोलानाथ, पम्मी को आज तक मैंने अपनी शुक्ला की तरह समझा है। मुझे विश्वास है कि तुम आज मेरी इस लड़की को पम्मी की जगह मानोगे और मेरी थोड़ी मदद कर दोगे।

भोलानाथ गुस्से में खड़ा हो जाता है।

भोलानाथ : आप उस भिखारिन को मेरी लड़की से मिला रहे हैं?

दीवानचंद : अब उसे भिखारिन क्यों कहते हो, बाबू भोलानाथ? मैं उसे अपनी लड़की मानकर घर लाया हूँ। अब वह मेरी लड़की है। मैं तुम्हें बता नहीं सकता कि शुक्ला को लेकर आज भी मेरे दिल में कितनी-कितनी साधें उठती हैं...।

माधुरी : शुक्ला होती तो आपकी सब साधें पूरी होतीं। किसी और की लड़की लेकर थोड़े ही वे पूरी होंगी?

दीवानचंद : माधुरी बीबी, मैं इस लड़की को अब अपनी शुक्ला ही समझता हूँ, तुम मेरी यह बात क्यों नहीं समझ पाती हो?

महिपत प्याली लिये हुए चाय को चम्मच से हिलाता हुआ आता है।

मीरा : चाय आ गई!

चाय की प्याली महिपत से लेकर दीवानचंद की ओर बढ़ा देती है।

: जीजा जी, चाय ले लीजिए। साथ कुछ खाने को भी लीजिएगा?

दीवानचंद : नहीं, खाने को कुछ नहीं। दाँत ऐसे हो गए हैं कि कुछ खाया ही नहीं जाता। ऐसे चाय भी नहीं पीता। कभी तुम्हारे घर आऊँ या यहाँ आऊँ–तभी एकाध प्याली पी लेता हूँ।

चाय का घूँट भरता है, परन्तु ओंठ जल जाने से प्याली छलक जाती है। ओंठों पर ज़बान फेरता है और चाय को फूँक मारकर ठंडी करने लगता है। माधुरी व्यस्तता और चिन्ता से घड़ी की ओर देखती है।

माधुरी : वे लोग अब चार-छह मिनट में आ ही जाएँगे।

परेशानी से ओंठ काटकर मीरा की ओर देखती है।

: मिसेज़ मेहता इज़ वेरी पंक्चुअल।

मीरा : जीजा जी, आप जल्दी से चाय पी लीजिए और...मेरा मतलब है कि जो मेहमान आ रहें हैं, वे ज़रा और तरह के हैं। आपको भी उन लोगों में बैठकर बुरा लगेगा। इसलिए...।

दीवानचंद : हाँ-हाँ, बस जा ही रहा हूँ। मुझे पता है, ऐसे कपड़ों से मेहमानों में बुरा लगता है।

चाय सॉसर में डालकर पीने लगता है।

माधुरी : *(मीरा से)* इट्स हॉरीबल!

मीरा : जीजा जी, इस तरह चाय पी जाती है, सॉसर में डालकर...?

दीवानचंद फूँक मारकर जल्दी-जल्दी घूँट भरता है।

दीवानचंद : इस तरह जल्दी पी जाती है, मीरा बीबी! नहीं तो ठंडी होने में देर लगती है।

माधुरी : *(मीरा से)* सपोज़ दे कम जस्ट नाउ!

मीरा कुरसी की पीठ से टेक लगा लेती है।

मीरा : ओनली गॉड कैन हेल्प!

भोलानाथ : अच्छा तो मुझे इजाज़त दीजिए।

भोलानाथ घड़ी देखता है, फिर फ़ीता कलाई में घुमाने लगता है।

: मेहमान अब आने ही वाले हैं। इस समय मुझे उधर बैठना चाहिए।

दीवानचंद आधी पी हुई प्याली तिपाई पर रखकर अँगोछे से ओंठ पोंछता हुआ खड़ा हो जाता है।

दीवानचंद : मुझे बस ज़रा-सी बात ही कहनी है।

भोलानाथ बेसब्री से कुरसी की पीठ को पकड़ लेता है।

भोलानाथ : तो जो भी कहना है, जल्दी से कह डालिए। इधर-उधर की बातें फिर हो जाएँगी।

दीवानचंद : मैं ज़्यादा नहीं कहता। तुम आज मुझे हज़ार-पाँच सौ रुपए भी कर्ज़ दे दो तो मैं एक छोटी-मोटी दुकान खोल लूँगा और...।

माधुरी : जीजा जी, आप इस उम्र में दुकान खोलेंगे?

मीरा : जबकि आपसे ठीक से चला भी नहीं जाता?

भोलानाथ : लेकिन उसके लिए हज़ार-आठ सौ रुपया मैं कहाँ से दे सकता हूँ?...आजकल के ज़माने में हर आदमी अपना गुज़ारा मुश्किल से करता है।

दीवानचंद : तुम जानते हो, बाबू भोलानाथ, कि और मेरा कोई नहीं है। तुम्हीं एक हो, जिससे मैं माँग सकता हूँ। और दो-चार साल में तुम्हारा रुपया लौटा भी दूँगा।

भोलानाथ : माफ़ कीजिए, मेरे पास रुपया होता तो मैं दे देता। नहीं हो तो कहाँ से दूँ? मेरे मेहमान आ रहे हैं, इसलिए अब मुझे इजाज़त दीजिए। फिर कभी मुलाक़ात होगी।

झटके से अन्दर की तरफ़ चला जाता है। दीवानचन्द ठुकराया-सा याचना की दृष्टि से माधुरी की ओर देखता है।

दीवानचंद : माधुरी बीबी, तुम दीवानचंद को अच्छी तरह जानती हो। मैं तुम्हारा रुपया रखूँगा नहीं। तुम मुझे हज़ार-आठ सौ नहीं, तो चार-पाँच सौ रुपया ही दिला दो। मैं उतने पैसों से ही कुछ-न-कुछ काम कर लूँगा।

माधुरी : जीजा जी, दे सकते तो वे आपको इस तरह मना न करते। नहीं दे सकते, तभी तो उनको करना पड़ता है। आप भी सोचें कि इनकार करते उन्हें कितना बुरा लगा होगा!

मीरा : इट इज़ आलमोस्ट टाइम!

दीवानचंद : माधुरी बीबी, तुम मेरे लिए कुछ न करोगी तो मेरे हाथ बिलकुल टूट जाएँगे...मैं इस लड़की को कितनी चाह से लाया हूँ...!

माधुरी : जीजा जी, क्योंकि लोग आने वाले हैं, इसलिए...अच्छा ये बातें अब फिर होंगी।

दीवानचंद : मैं जा रहा हूँ, बीबी!

ज़ेब से एक मैला-सा रुपये का नोट और एक मिठाई का दोना निकालता है।

माधुरी : यह क्या है?

दीवानचंद : यह रुपया पम्मी के लिए और यह चिन्तपुरनी का प्रसाद...।

माधुरी : जीजा जी, आप हर बार यह सब क्यों ले आते हैं? मैंने कितनी बार आपसे कहा है कि आप यह सब मत लाया करें!

दीवानचंद आँखों को बाँह से पोंछता है।

दीवानचंद : दिल नहीं मानता, बीबी! बेटी से मिलने आता हूँ तो ख़ाली हाथ आना अच्छा नहीं लगता। अब मेरा दिल बुरा न करो, रख लो।

मीरा : कीप इट, जीजी! डोंट वेस्ट टाइम ओवर इट।

माधुरी वितृष्णा से दोनों चीज़ें पकड़ लेती है।

दीवानचंद : ज़रा पम्मी को बुला दो। जाते हुए उसके सिर पर हाथ फेर दूँ।

माधुरी : पम्मी उधर कहीं होगी! शायद नौकर से चीज़ें लगवा रही हो।

मीरा : मैं आपकी तरफ़ से उसके सिर पर हाथ फेर दूँगी।

दीवानचंद : अच्छा-अच्छा! सिर पर हाथ फेरना और बहुत-सा प्यार देना।

बरामदे में जाकर बाईं ओर के दरवाज़े की तरफ़ जाने लगता है।

माधुरी : इधर से चले जाइए, जीजा जी, दूसरे दरवाज़े से...।

दीवानचंद : अच्छा-अच्छा! जिधर से कहो, उधर से चला जाता हूँ।

दाईं ओर के दरवाज़े की तरफ़ चल देता है। दरवाज़े के पास से मुड़कर उनकी ओर देखता है।

: बीबी, मेरी किसी बात का बुरा नहीं मानना।

चला जाता है। माधुरी कटी-सी कुरसी पर पड़ जाती है।

माधुरी : थैंक गॉड! उनके आने से पहले ही ये चले गए।

पैर तिपाई पर रखती है। तिपाई पर रखी हुई प्याली गिरकर टूट जाती है। मीरा के गले से हलका-सा हँसी का स्वर निकलता है।

मीरा : और प्याली टूट गई?

माधुरी : अब टूटने दो। ग्रह तो टल गया। मुझे बहुत डर लग रहा था। अगर मिस्टर और मिसेज़ मेहता इनके यहाँ होते ही आ जाते...!

मीरा : अभी पूरे साढ़े पाँच हुए हैं।

माधुरी : आज ये ऐसे वक़्त आ टपके कि बस...।

मीरा : आए तो कुछ दे ही गए हैं। एक रुपया और देवी का प्रसाद...।

माधुरी जैसे याद आ जाने से अपने हाथ में पकड़े हुए रुपये और दोने को देखती है।

माधुरी : मैं इनकी लाई हुई कोई चीज़ अपने पास नहीं रखती। हमेशा नौकर को दे दिया करती हूँ।

पम्मी अन्दर से भागती हुई आती है।

पम्मी : ममी, मिस्टर और मिसेज़ मेहता आ गए।

माधुरी उठकर खड़ी हो जाती है।

माधुरी : आ गए?...महिपत!

महिपत दाईं ओर के दरवाज़े से आता है।

महिपत : जी!

माधुरी : इधर आ। यह ले रुपया...और यह बर्फ़ी।...खा लेना। और ये प्याली के टुकड़े जल्दी से साफ़ कर।

महिपत : और प्याली टूट गई?

माधुरी : हाँ-हाँ, जल्दी कर। कोई टुकड़ा रह न जाए। और जल्दी से अन्दर से दोनों फूलदान उठा ला।

महिपत टुकड़े बीनने लगता है।

पम्मी : ममी, मिसेज़ मेहता ने मौसा जी को यहाँ से जाते देख लिया है।

माधुरी : देख लिया है?

हताश भाव से कुरसी पर बैठ जाती है।

पम्मी : वे पूछ रही थीं कि वह कौन आदमी था, जो रोता हुआ तुम्हारी कोठी से बाहर जा रहा था?

माधुरी : मैं तुमसे कहती थी, मीरा, कि कुछ-न-कुछ ज़रूर होगा।

तिपाई पर कुहनियाँ रखकर दोनों हाथों से सिर पकड़ लेती है।

: यह औरत अब जगह-जगह इस बात की चर्चा करेगी। कई-कई तरह के मतलब निकालेगी...।

मीरा : कोई मतलब नहीं निकालेगी। तुम अब इस बात को दिल से निकाल दो...। महिपत, साहब से कहो, मिस्टर और मिसेज़ मेहता को इधर ले आएँ।

महिपत टुकड़े बीनकर सीधा होता है।

माधुरी : सब टुकड़े बीन लिए?

महिपत : जी।

माधुरी : कोई टुकड़ा रह तो नहीं गया?

महिपत : जी नहीं।...उन लोगों को भेज दूँ?

माधुरी : ठहर जाओ, अभी नहीं।

उसी तरह सिर पकड़े बैठी रहती है। मीरा उठकर उसके कन्धे पर हाथ रखती है।

मीरा : क्या बात है जीजी, तबीयत तो ठीक है? फिर से तुम नर्वस हो रही हो?

माधुरी : मीरा, तुम और पम्मी उन लोगों के पास जाकर बैठो। मैं अभी ठीक होकर सबको बुला लेती हूँ।

मीरा : बात क्या है, जीजी? इस तरह निढाल होकर बैठोगी तो पार्टी की सारी तैयारी बेकार हो जाएगी।

माधुरी : मैं तुमसे कह रही हूँ, मीरा, कि मैं अभी ठीक हुई जाती हूँ। तुम तब तक पम्मी को लेकर उन लोगों के पास चली जाओ।

मीरा : तो तुम दो मिनट में ठीक हो जाओ। मैं उतनी देर उनसे बात करती हूँ। महिपत, तुम जाकर चीज़ें ठीक करो। पम्मी!

महिपत दाएँ दरवाज़े से तथा मीरा और पम्मी बाएँ दरवाज़े से चली जाती हैं। माधुरी उसी तरह बैठी रहती है।

माधुरी : कितनी मनहूस छाया है इनकी? यह छाया मेरे दिमाग़ से निकलती क्यों नहीं? क्यों ये सब-कुछ लेकर आते हैं? क्यों इतना प्यार दिखाते हैं? क्यों ऐसी बातें करते हैं? मेरे शरीर में एक घिनौनी सिहरन भर जाती है और...मुझे...मुझे अपना-आप भी मनहूस लगने लगता है—बेहद मनहूस!

हाथों में मुँह छिपा लेती है।

[पर्दा गिरता है।]

एकांकी

बहुत बड़ा सवाल

पात्र

राम भरोसे
श्याम भरोसे
शर्मा
कपूर
मनोरमा
सन्तोष
गुरप्रीत
प्रेम प्रकाश
दीन दयाल
रमेश
मोहन
सत्यपाल

स्थान : **एक स्कूल का कमरा जिसे ब्लैक बोर्ड कोने में हटाकर मीटिंग के लिए तैयार कर लिया गया है। मास्टर की कुरसी-मेज़ अध्यक्ष के लिए है और बच्चों के डेस्क शेष सदस्यों के लिए। पीछे की दीवार पर संसार का बहुत बड़ा मानचित्र लटक रहा है। आने-जाने के लिए दोनों तरफ़ दरवाज़े हैं।**

परदा उठने पर राम भरोसे और श्याम भरोसे डेस्कों से धूल झाड़ रहे हैं।

श्याम भरोसे : *(हाथ रोककर)* राम भरोसे!

राम भरोसे बिना सुने धूल झाड़ता रहता है।

: ए राम भरोसे!

राम भरोसे : *(बिना हाथ रोके)* क्या है?

श्याम भरोसे : इतनी धूल क्यों उड़ाता है? आहिस्ता से नहीं झाड़ा जाता? रोज़-रोज़ की धूल से फेफड़े पहले ही खाए हुए हैं।

राम भरोसे : तो रोता क्यों है? जान पाँच बरस में नहीं जाएगी, चार बरस में चली जाएगी।

श्याम भरोसे : तू अपनी जान चाहे पाँच बरस में दे, चाहे एक बरस में। पर मेरी जान अभी रहने दे।

राम भरोसे : ससुर रोज़-रोज़ ये मीटिंग होंगी, तो किसकी जान रहेगी? आज एक का जनम-दिवस होकर निकलता है, तो कल दूसरे का मरन-दिवस आ जाता है। जनमें-मरें ये, धूल खाएँ राम भरोसे, श्याम भरोसे *(ज़ोर-ज़ोर से झाड़ता हुआ)* सबेरे निकालो, तो शाम को चली आती है। शाम को निकालो, तो सबेरा नहीं होने देती।

श्याम भरोसे : आज भी किसी का जनम-दिवस है क्या?

राम भरोसे : पता नहीं, कौन दिवस है? अपना मरन-दिवस है।

ढीले-ढाले ढंग से फ़ाइल हाथ में लिए शर्मा बाहर से आता है।

शर्मा : *(अपने-आप बड़बड़ाता हुआ)* अभी तक कोई नहीं है यहाँ!

राम भरोसे : *(हाथ रोककर)* कोई भी नहीं है, माने?

शर्मा : माने जो आने वाले थे, उनमें से कोई भी। लोग समझते हैं, मेरे बाप के घर का काम है। जैसे मुझे तनख़्वाह मिलती है इसकी। कोई एक आदमी वक़्त से नहीं आता।

राम भरोसे : साहब, आज किसी की साल-गिरह है यहाँ पर?

शर्मा : मेरे झख मारने की साल-गिरह है। तुम लोगों से अभी तक डेस्क साफ़ नहीं हुए?

राम भरोसे : देख रहे हो, कर ही रहे हैं।

शर्मा : साढ़े पाँच मीटिंग शुरू होनी थी और पौने छह बज चुके हैं। लोग देर से आएँ, तुम लोगों को तो जगह वक़्त से तैयार कर देनी चाहिए।

राम भरोसे : एक घड़ी दिला दो, साहब! तब हम वक़्त से सब काम कर सकते हैं। हमें क्या मालूम, कब पाँच बजते हैं, कब साढ़े पाँच?

शर्मा : स्कूल में वक़्त से घंटी नहीं बजाते?

श्याम भरोसे : सुपरीडेंट की डाँट सुनकर बजाते हैं। घड़ी तो स्कूल की कब से ख़राब पड़ी है।

राम भरोसे : आप लोगों के हाथ पर लगी रहती है, फिर भी देर कर जाते हो। हमारी तो कोई बात ही नहीं है।

श्याम भरोसे : और जल्दी कर दें, तो डाँट पड़ती है कि जल्दी क्यों किया, फिर से धूल भर गई। जल्दी न करें, तो डाँट पड़ती है कि जल्दी क्यों नहीं किया, टाइम बरबाद हो रहा है।

राम भरोसे : कोई जादू तो जानते नहीं। हाथ से काम करते हैं, सो कर रहे हैं।

शर्मा : बक-बक मत करो, काम करो। अभी कितना काम बाक़ी है?

श्याम भरोसे : सारी क्लास झाड़ दी है। मास्टर की कुरसी बाक़ी है।

जाकर उस कुरसी-मेज़ को साफ़ करने लगता है।

: लो हो गई यह भी। और बता दो जो झाड़ना हो?

श्याम भरोसे : ब्लैक बोर्ड तो नहीं चाहिए?

शर्मा : नहीं, पर दोनों आदमी कहीं जाना नहीं। यहीं दरवाज़े के पास बैठना। पता नहीं, किस काम के लिए ज़रूरत पड़ जाए।

आगे की डेस्क पर बैठने लगता है, पर सहसा उठ जाता है।

: यह सफ़ाई की है? देखो, कितनी धूल जमी है यहाँ! सफ़ाई इस तरह से की जाती है?

राम भरोसे : क्या पता साहब, किस तरह से की जाती है। किसी स्कूल से इस काम की पढ़ाई तो पढ़े नहीं हैं।

श्याम भरोसे : सुपरीडेंट कहता है, सीधा झाड़न मारो, सो सीधा मार देते हैं। आप कोई तरीका बताओ, तो वैसे कर देते हैं।

शर्मा : नानसेंस! अब जैसा हुआ है, रहने दो।

श्याम भरोसे : रहने दो, तो रहने देते हैं।

शर्मा रूमाल से सीट साफ़ करके डेस्क पर बैठ जाता है।

शर्मा : जाओ, बाहर बैठो अब।

श्याम भरोसे : क्यों साहब, मीटिंग बरख़ास्त कब होगी?

शर्मा : क्या पता, कब होगी, तुम्हें क्या करना है?

राम भरोसे : कमरे का ताला नहीं लगाना है? ताला लगेगा, तभी तो यहाँ से जा पाएँगे। नहीं तो सुपरीडेंट कल हमारी जान को आएगा।

वह और राम भरोसे दोनों दाईं तरफ़ के दरवाज़े के बाहर जा बैठते हैं। राम भरोसे हाथ पर सुरती मलने लगता है। श्याम भरोसे ऊँघने की मुद्रा में टेक लगा लेता है। मनोरमा, सन्तोष और गुरप्रीत उसी दरवाज़े से आती हैं। राम भरोसे आँखें उठाकर चिढ़े हुए भाव से उन्हें आते देखता है।

मनोरमा : क्या बात है, शर्मा? पहरा क्यों बिठा रखा है बाहर? मीटिंग में मार-धाड़ तो नहीं होने वाली है?

शर्मा : *(उठता हुआ)* साढ़े पाँच हो गए आप लोगों के?

मनोरमा : अभी कोई भी तो नहीं आया, सिवाय हमारे।

शर्मा : साढ़े छह तक आराम से आएँगे लोग। वक़्त की पाबन्दी तो सिर्फ़ एक आदमी पर है। क्योंकि वह कमबख़्त सेक्रेटरी है।

सन्तोष : मैंने इसीलिए अपना नाम वापस ले लिया था। मुफ़्त की सिर-दर्दी।

मनोरमा : तूने इसीलिए नाम वापस लिया था कि शर्मा के ख़िलाफ़ तुझे तीन वोट भी न मिलते! अवर शर्मा इज़ ग्रेट।

सन्तोष : लाँग लिव शर्मा!

मनोरमा : *(गुरप्रीत से)* तू इतनी गुपचुप क्यों है?

सन्तोष : शर्मा के सामने यह हमेशा गुपचुप हो जाती है।

गुरप्रीत : प्लीज़!

कपूर मुसकराता हुआ बाईं तरफ़ के दरवाज़े से आता है।

कपूर : वाह, वाह!

मनोरमा : वाह, वाह!

कपूर : आप किस चीज़ की दाद दे रही हैं?

मनोरमा : आपकी वाह-वाह की।

कपूर : मैं तो इस बात पर वाह-वाह कर रहा था कि शर्मा तीन-तीन लेडीज़ से घिरा है। सेक्रेटरी होने के ये मज़े होते हैं।

शर्मा : आज से तुम सेक्रेटरी हो जाओ।

मनोरमा : और शर्मा को चेयरमैन बना दीजिए।

कपूर : चेयरमैन मत कहिए...वह कहिए...क्या होता है वह..अधि-अक्ष।

सन्तोष : अध्यक्ष।

कपूर : अधि-अक्ष।

सन्तोष : *(ज़ोर देकर)* अध्यक्ष।

कपूर : *(ज़ोर देकर)* अधि-अक्ष। वह तुम्हारा अधि-अक्ष अभी तक नहीं आया, शर्मा?

शर्मा : तुम्हीं कौन वक़्त से आ गए हो?

कपूर : दस-बीस मिनट लेट, लेट नहीं होता। और फिर मैं तो साधारण सदसिय हूँ।

मनोरमा : सीधे मेम्बर क्यों नहीं कह देते? सदसिय!

कपूर : वह लफ़्ज क्या है वैसे?

मनोरमा : सदस्य।

कपूर : सदसिय।

मनोरमा : *(ज़ोर देकर)* सदस्य।

कपूर : *(ज़ोर देकर)* सदसिय। मैं पहले ही कहता था, इस आदमी को चेयरमैन नहीं बनाना चाहिए। आज छुट्टी का दिन है, वैसे भी ठंड है, घर में रज़ाई में दुबककर सो रहा होगा। सॉरी...घर में नहीं होगा, वह होगा आज उसके यहाँ...।

सन्तोष : किसके यहाँ?

गुरप्रीत : प्लीज़!

सन्तोष : नाम तो जान लेने दे।

गुरप्रीत : प्लीज़! प्लीज़! प्लीज़!

कपूर : गुरप्रीत जी नाम जानती हैं।

सन्तोष : जानती है तू?

गुरप्रीत : मैं इसीलिए आप लोगों की मीटिंग में नहीं आना चाहती। यहाँ काम तो कुछ होता नहीं, बस इसी तरह की बातें होती रहती हैं।

कपूर : गुरप्रीत जी की सहेली है वह।

सन्तोष : अच्छा...वह?

कपूर : हाँ, वही।

सन्तोष : यह कब से?

कपूर : कब से? दो साल से तो मैं ही जानता हूँ।

सन्तोष : पर वह तो पहले...।

कपूर : आप बहुत पुरानी बात कर रही हैं। लगता है, आप शहर में नहीं रहतीं।

सन्तोष : *(गुरप्रीत से)* सच बात है यह?

गुरप्रीत : *(शर्मा से)* मैं जान सकती हूँ, मीटिंग कब शुरू होगी?

कपूर : कम-अज़-कम चेयरमैन तो आ जाए। क्यों शर्मा, तब तक एक-एक प्याली चाय न पी ली जाए? ठंड आज वाक़ई बहुत है। क्यों, मनोरमा जी?

मनोरमा : आई डोंट माइंड।

कपूर : राम भरोसे!

राम भरोसे : *(सुरती फाँककर)* फरमाइए।

कपूर : जाकर लाला से एक सेट चाय ले आ। पाँच प्यालियाँ।

शर्मा : मैं नहीं पिऊँगा।

गुरप्रीत : मैं भी नहीं लूँगी।

कपूर : आपको लेनी चाहिए। आपकी तबीयत सुस्त लग रही है।

गुरप्रीत : थेंक्स। मुझे इस वक़्त ज़रूरत नहीं है।

कपूर : राम भरोसे, आधा सेट और तीन प्यालियाँ।

मनोरमा : शर्मा से भी तो दूसरी बार पूछ लेते।

कपूर : क्यों भई, शर्मा?

शर्मा : यह मीटिंग का वक़्त है चाय पीने का नहीं।

कपूर : राम भरोसे! आधा सेट और तीन प्यालियाँ।

सन्तोष : साथ थोड़ी मूँगफली। शर्मा मूँगफली खाएगा!

कपूर : पच्चीस पैसे की मूँगफली।

शर्मा : मैं ठीक छह बजे मीटिंग शुरू कर दूँगा। तुम लोग चाय पीते रहना।

राम भरोसे सहज भाव से चलकर शर्मा के पास आ जाता है।

राम भरोसे : *(शर्मा से)* पैसे आप देंगे या...?

मनोरमा : कपूर साहब देंगे।

कपूर ज़ेब से बटुवा निकालकर देखता है।

कपूर : मेरे पास दस का नोट है।

मनोरमा : कोई बात नहीं टूट जाएगा।

कपूर राम भरोसे को नोट देता है।

कपूर : चेंज गिनकर लाना।

राम भरोसे : *(जाते-जाते)* जितनी गिनती आती है, उतना गिनकर ले आएँगे।

गुरप्रीत : मुझे आज मीटिंग होती नहीं लगती।

सन्तोष : अभी तो कोरम ही पूरा नहीं है।

कपूर : क्यों न मीटिंग कैंसिल करके सब लोग कैंटीन में चलकर चाय पिएँ?

शर्मा : मीटिंग कैंसिल नहीं होगी। आज की छुट्टी तो बरबाद हुई ही है, फिर एक और छुट्टी बरबाद करनी पड़ेगी।

मनोरमा : सेक्रेटरी के मुँह से ऐसी बात अच्छी नहीं लगती।

शर्मा : मैं तो इसी वक़्त त्याग-पत्र देने को तैयार हूँ। आप लोग मंज़ूर कर दीजिए?

कपूर : वाह! तिआगपतर कैसे दे सकते हो तुम?

सन्तोष : त्याग-पत्र।

कपूर : तिआगपतर।

सन्तोष : *(ज़ोर देकर)* त्याग-पत्र।

कपूर : *(ज़ोर देकर)* तिआगपतर। तुम तिआगपतर दे दोगे, तो दूसरा सेक्रेटरी हमें कहाँ मिलेगा?

मनोरमा : हियर-हियर! सेक्रेटरी शर्मा ज़िन्दाबाद!

कपूर : सबकी तरफ़ से ज़िन्दाबाद!

शर्मा : श्याम भरोसे!

सन्तोष : सो रहा है वह।

शर्मा : *(ऊँचे स्वर में)* श्याम भरोसे!

श्याम भरोसे : सुन रहे हैं, साहब! बोलिए तो?

शर्मा : तुमसे मैंने क्या कहा था?

श्याम भरोसे : क्या कहा था?

शर्मा : बैठने को कहा था।

श्याम भरोसे : तो हम बैठे ही हैं, खड़े तो नहीं हैं।

शर्मा : लेकिन बैठे-बैठे ऊँघ रहे हो।

श्याम भरोसे : मानुस हैं, साहब! रबड़ के पुतरे नहीं हैं। आ गई होगी ऊँघ। काम बताइए।

शर्मा : राम भरोसे चाय लाने गया है।

श्याम भरोसे : गया है। आपके सामने गया है।

शर्मा : मैं भी कह रहा हूँ, गया है। तुम उसके पीछे चले जाओ। बोलो, चाय एकदम जल्दी आनी चाहिए।

श्याम भरोसे : *(उठता हुआ)* बोल देते हैं, पर आएगा तो पैरों से चलकर ही। हमारे जाने से उसके पंख तो उग नहीं आएँगे।

शर्मा : *(गुस्से से)* तो मत जाओ तुम। आने दो उसे, जब भी आता है।

श्याम भरोसे : *(बैठता हुआ)* नहीं जाते। वैसा हुकुम हो, तो वैसा। ऐसा हुकुम है, तो ऐसा।

कपूर : क्यों शर्मा, लो ग्रेड में ये लोग नहीं आते?

शर्मा : आते हैं।

कपूर : तो इन्हें भी मेम्बर नहीं होना चाहिए? लो ग्रेड वर्कर्ज़ वेलफ़ेयर सोसाइटी जैसे हम लोगों की है, वैसे ही इन लोगों की भी है।

मनोरमा : है तो नहीं, पर होना चाहिए।

सन्तोष : तब राम भरोसे चेयरमैन हो जाएगा, श्याम भरोसे सेक्रेटरी।

कपूर : फिर चाय लाने कौन जाएगा? शर्मा?

शर्मा : तुम मेरा अपमान कर रहे हो।

कपूर : अगर अपमान हो गया हो तो मैं माफ़ी माँग लेता हूँ। मैंने तो एक बात कही थी।

राम भरोसे चाय और मूँगफली लिए हुए आता है।

मनोरमा : लीजिए, चाय आ गई।

कपूर : गुरप्रीत जी, आप बनाइए चाय।

गुरप्रीत : मुझे सबके टेस्ट का पता नहीं है।

कपूर : आपको नहीं है पता? बनाइए, बनाइए।

सन्तोष : *(गुरप्रीत से)* सबसे छोटी तू ही है।

कपूर : सबसे छोटी और सबसे...।

मनोरमा : कह दीजिए, कह दीजिए।

कपूर : सॉरी, मेरा वह मतलब नहीं था।

गुरप्रीत चाय बनाने लगती है। प्रेम प्रकाश, दीन दयाल बाईं तरफ़ से आते हैं।

मनोरमा : क्या मौक़े पर आए हैं आप लोग!

प्रेम प्रकाश : चाय और मूँगफली! किसने दावत की है?

मनोरमा : कपूर साहब ने।

प्रेम प्रकाश : किस ख़ुशी में?

मनोरमा : आप लोगों के देर से आने की।

दीन दयाल : मैं एक प्याली ले सकता हूँ?

गुरप्रीत : *(पहली प्याली उसकी तरफ़ बढ़ाकर)* लीजिए।

दीन दयाल : *(प्याली लेकर)* थैंक्स!

गुरप्रीत : *(प्रेम प्रकाश से)* आप भी लेंगे?

प्रेम प्रकाश : क्यों नहीं?

गुरप्रीत : *(प्याली बढ़ाकर)* लीजिए। चीनी कम डाली है। अब तीसरी प्याली कौन लेगा?

मनोरमा : कपूर साहब, जिन्होंने चाय मँगवाई है।

कपूर : नहीं, नहीं, आप लीजिए।

मनोरमा : आप तकल्लुफ़ कर रहे हैं। ले लीजिए।

कपूर : तकल्लुफ़ तो आप कर रही हैं।

मोहन दाईं तरफ़ से आता है।

मोहन : मीटिंग शुरू नहीं हुई अभी? चाय चल रही है! यह एक्सट्रा प्याली किसके लिए रखी है? मैं ले सकता हूँ?

गुरप्रीत : क्यों नहीं?

मोहन प्याली उठाकर पीने लगता है।

मोहन : ख़ूब गर्म चाय है। मेज़बान कौन है? दीन दयाल जी, आप?

दीन दयाल : मैं भी तुम्हारी तरह मेहमान हूँ।

मोहन : तो प्रेम प्रकाश जी की तरफ़ से है चाय? *(प्रेम प्रकाश से)* धन्यवाद, बहुत-बहुत धन्यवाद!

प्रेम प्रकाश : मुझे धन्यवाद क्यों देते हो? मैं खुद मेहमान हूँ।

मोहन : हम तीनों मेहमान हैं? तो मेज़बान?

सन्तोष : पैसे कपूर साहब के ख़र्च हुए हैं।

मोहन : पैसे ख़र्च किए हैं, फिर भी खुद नहीं पी रहे? क्या बड़प्पन है!

सन्तोष : बड़प्पन तो अपने-आप हो गया, जब...।

मोहन : किसी-किसी में होता है ऐसा बड़प्पन। हमारी पहचान के एक साहब और हैं ऐसे। शादी-शुदा हैं। वे अपनी पत्नी को खुद सैर कराने नहीं ले जाते, दोस्तों को ले जाने देते हैं।

गुरप्रीत : प्लीज़!

शर्मा : मुझे ऐसी बातचीत पर सख़्त एतराज़ है। मैं चाहूँगा कि हम मीटिंग का वातावरण गम्भीर रहने दें।

मोहन : मैं इसके बाद गम्भीर रहने की प्रतिज्ञा करता हूँ। थोड़ी मूँगफली तो ले सकता हूँ न?

शर्मा : तो अब कार्यवाही आरम्भ की जाए...?

बाहर से एक ठहाका सुनाई देता है।

मनोरमा : अभी और लोग आ रहे हैं।

मोहन : रमेश और सत्यपाल हैं। ऐसी वहशियाना हँसी और कोई हँस ही नहीं सकता।

कपूर : देखो, तुमने अभी प्रतिज्ञा की है कि...।

मोहन : सॉरी, मगर कोई भी कह दे, यह हँसी इनसानों की-सी है?

रमेश और सत्यपाल बाईं तरफ़ से आते हैं।

रमेश : किसकी हँसी इनसानों की-सी नहीं है?

मोहन : मेरा मतलब आप ही की हँसी से था। लेकिन मैं अपने शब्द वापस लेता हूँ। आप मूँगफली खाइए।

सत्यपाल : यह ज़रा-सी मूँगफली आप किस-किस को खिलाएँगे?

रमेश : ले भी लो अब। शर्मा साहब, आप भी लीजिए।

शर्मा : *(एक दाना लेकर)* तो मीटिंग की कार्यवाही अब...।

रमेश : मनोरमा जी, आप परे क्यों खड़ी हैं? लीजिए न। कुल आठ-दस दाने बचे हैं।

मनोरमा : ये कपूर साहब को दे दीजिए, वह बेचारे...!

रमेश : आप लीजिए, उन्हें भी देता हूँ। आप भी लीजिए, सन्तोष जी! गुरप्रीत जी, आप छिप क्यों रही हैं? लीजिए, कुल दो ही दाने बचे हैं। अरे, दो में से भी एक दाना छोड़ दिया? लीजिए, कपूर साहब!

कपूर : यह तुम ले लो।

रमेश : नहीं, आप ले लीजिए।

कपूर : नहीं, तुम्हीं ले लो।

रमेश : नहीं-नहीं। आप ले लीजिए।

दीन दयाल : ऐसा भी क्या तकल्लुफ़ है? आप दोनों मत लीजिए। मैं ले लेता हूँ। थैंक्स!

शर्मा मास्टर की कुरसी के पास चला जाता है।

शर्मा : दोस्तो!

कपूर : पहले सब लोग बैठ जाएँ।

मोहन : लेडीज़ फ्रंट। जेंट्स बैक।

रमेश : क्यों? एक-एक डेस्क पर एक-एक पेयर क्यों नहीं?

मोहन : लेडीज़ कम हैं, जेंट्स ज़्यादा हैं।

रमेश : तो दो-दो डेस्क जोड़ लिए जाएँ जिससे...।

मोहन : मुझे कोई एतराज़ नहीं।

शर्मा : मुझे एतराज़ है। डेस्क इतने हैं कि एक-एक डेस्क पर एक- एक आदमी बैठ सकता है। जहाँ-जहाँ बैठना हो बैठ जाइए।

मोहन : इस सुझाव से कौन-कौन सहमत हैं?

मनोरमा : हम सब सहमत हैं।

मोहन : आप सब सहमत हैं, तब तो कुछ कहने को बचता ही नहीं।

एक डेस्क पर बैठ जाता है। और लोग भी बिखरकर बैठ जाते हैं।

शर्मा : मैं समझता हूँ, अब और किसी के आने की आशा नहीं करनी चाहिए। अध्यक्ष महोदय नहीं आए, इसलिए आज की मीटिंग की अध्यक्षता के लिए मैं कपूर साहब के नाम का प्रस्ताव करता हूँ।

सत्यपाल : मैं इसका समर्थन करता हूँ।

शर्मा : आइए, कपूर साहब!

कपूर मास्टर की कुरसी पर जा बैठता है। सब लोग ताली बजाते हैं।

कपूर : *(गला साफ़ करके)* भाइयो और बहनो...!

मोहन : मेरा एक संशोधन है। बहनो पहले और भाइयो बाद में होना चाहिए।

शर्मा : क्या मैं अनुरोध कर सकता हूँ कि आप अब गम्भीर होकर बैठें?

मोहन : मैं बिलकुल गम्भीर होकर यह बात कह रहा हूँ।

शर्मा : आप बिलकुल गम्भीर होकर नहीं कह रहे।

रमेश : आप कैसे कह सकते हैं कि ये गम्भीर होकर नहीं कह रहे? सभ्य समाज में हमेशा लेडीज़ एंड जेंटलमेन कहा जाता है, जेंटलमेन एंड लेडीज़ नहीं।

शर्मा : अच्छा, अच्छा। मैं आपका संशोधन स्वीकार करता हूँ।

रमेश : आपका मतलब है, आप मिस्टर मोहन का संशोधन स्वीकार करते हैं।

शर्मा : मेरा मतलब है, मैं मिस्टर मोहन का संशोधन स्वीकार करता हूँ। बहनो और भाइयो...!

सत्यपाल : मैं एक बात कह सकता हूँ?

शर्मा : कहिए।

सत्यपाल : बहनो और भाइयो, यह एक झूठा स्टेटमेंट नहीं है?

दीन दयाल : बात करने का मुहावरा ऐसा है, यार!

सत्यपाल : लेकिन यह झूठा मुहावरा नहीं है? क्या शर्मा साहब कह सकते हैं कि जितनी महिलाएँ यहाँ बैठी हैं...!

प्रेम प्रकाश : आप पर्सनल बातें बीच में नहीं ला सकते।

सत्यपाल : मैं कोई पर्सनल बात बीच में नहीं ला रहा। मेरा मतलब सिर्फ़ इतना है कि हमें इस मुहावरे की जगह कोई दूसरा मुहावरा इस्तेमाल करना चाहिए जो कि लेडीज़ एंड जेंटलमेन की तरह न्यूट्रल हो।

मोहन : लेडीज़ एंड जेंटलमेन की तरह न्यूट्रल? ग्रामर ठीक है आपकी?

सत्यपाल : मैं मुहावरे की बात कर रहा हूँ।

प्रेम प्रकाश : वह मुहावरा भी न्यूट्रल किस तरह से है? किसी भी सभा में बैठी हुई सब लेडीज़ लेडीज़ नहीं होतीं?

गुरप्रीत : दिस इज़ टू मच।

मनोरमा : आप इनडायरेक्टली हमारा अपमान कर रहे हैं।

प्रेम प्रकाश : मैं सिर्फ़ इतना कह रहा हूँ कि बहनो और भाइयो यह मुहावरा उतना ही सही है जितना लेडीज़ एंड जेंटलमेन। इसलिए शर्मा साहब को आगे चलने दिया जाए।

कपूर : चलिए, शर्मा साहब!

शर्मा : *(फिर गला साफ़ करके)* आप सब जानते हैं कि लो ग्रेड वर्कर्ज़ वेलफ़ेयर सोसाइटी की स्थापना किस उद्देश्य से की गई है। लगातार बढ़ती महँगाई के इस ज़माने में हमारे जैसे सब लोग

अपने लिए खान-पान के मामूली साधन जुटाने में भी असमर्थ हैं। इसलिए हम चाहते हैं कि हम अपने वर्ग के लोगों के वेलफ़ेयर की ऐसी स्कीमें सरकार के सामने रखें, और उन्हें मनवाने के लिए जितना ज़ोर सरकार पर डाल सकें, डालें जिससे कि...मेरा मतलब है, ऐसी स्कीमें जो कि...जैसे पिछली बार सरकार से ज़्यादा-से-ज़्यादा छोटे कर्ज़ों की माँग की गई थी...।

दीन दयाल : उस माँग का अब तक हुआ भी है कुछ?

कपूर : यह सवाल बाद में उठाइएगा।

दीन दयाल : बाद में क्यों? अगर उसी बारे में अब तक कुछ नहीं हुआ...।

कपूर : क्यों शर्मा, हुआ है उस बारे में कुछ?

शर्मा : थोड़ा-बहुत हुआ है...या नहीं भी हुआ, तो होने की आशा की जा सकती है। फ़िलहाल हम अपने आज के एजेंडा को ध्यान में रखें।

मोहन : आज का एजेंडा क्या है?

शर्मा : मैं उसी पर आ रहा हूँ। आज हम सरकार के सामने यह ठोस सुझाव रखना चाहते हैं कि...मेरा मतलब है कि आबादी बढ़ जाने से शहर बी ग्रेड से ए ग्रेड हो जाते हैं, लेकिन जहाँ तक हम लोगों का ताल्लुक़ है...कहना चाहिए कि लो ग्रेड वर्कर्ज़ की ज़िन्दगी लो ग्रेड से लोअर ग्रेड होती जाती है, इसलिए हमारे लिए ज़रूरी है कि...और हमें सिर्फ़ प्रस्ताव ही पास नहीं करना, उसके लिए, उसे मनवाने के लिए, पूरी कोशिश भी करनी है कि एक-डेढ़ साल के अन्दर...जैसे इतनी कॉलोनीज़ हैं, उसी तरह एक निम्नस्तर गृह-निर्माण योजना के अन्तर्गत...।

कपूर : क्या? क्या?

शर्मा : निम्नस्तर गृह-निर्माण योजना...।

कपूर : इसका मतलब?

रमेश : घटिया क़िस्म के घर बनाने की स्कीम।

कपूर : *(अविश्वास के स्वर में)* नहीं-नहीं...।

सत्यपाल : घर बनाने की घटिया क़िस्म की स्कीम।

कपूर : नहीं-नहीं।

दीन दयाल : वह स्कीम, जिसके मातहत निचले दरजे के घर बनाए जाएँ।

प्रेम प्रकाश : निचले दरजे के घर तो सारे देश में हैं ही। उनके लिए सरकार को और स्कीम बनाने की क्या ज़रूरत है?

मनोरमा : ही मींस हाउसेज़ फ़ॉर लो ग्रेड वर्कर्ज़।

कपूर : आई सी, आई सी।

शर्मा : तो कहने का मतलब है कि ऐसी एक योजना हो जिससे...वह सरकारी योजना भी हो सकती है और छोटे कर्ज़ों की योजना का हिस्सा भी...एक सुझाव था कि घर नीलाम किए जाएँ, लेकिन मैं उसके पक्ष में नहीं हूँ...क्योंकि नीलामी जो है, वह समाजवादी नीति नहीं है...उसमें बड़ा छोटे को निगल जाता है और छोटा...वैसे लाटरी भी डाली जा सकती है घरों की... पर योजना जो भी हो, ऐसी होनी चाहिए कि उसका लाभ हमारे सब सदस्यों को हो सके।

दीनदयाल
प्रेम प्रकाश : हियर, हियर!

शर्मा : क्योंकि घर एक ऐसी चीज़ है जो हर आदमी की बुनियादी ज़रूरत है, उसकी सुख-शान्ति का आधार है। आदमी काम करता है कमाने के लिए। कमाता है आराम पाने के लिए। और सही माने में आराम वह तभी पा सकता है जब उसके पास अपना एक ऐसा घर हो जिसमें...सर्दी हो या गर्मी, दुख हो या सुख...एक ऐसी जगह जहाँ...जहाँ...जहाँ पर वह...उन लोगों के साथ जो कि उसका परिवार है...हममें से हरएक का अपना परिवार है...उस परिवार के साथ...वह आदमी...वह आदमी...।

आँखें गुरप्रीत के चेहरे पर अटक जाती हैं जिससे ज़बान और अटकने लगती है।

: मैं हर परिवार की बात नहीं कहता...कई बार...कुछ परिवारों में...कुछ ऐसे परिवार भी होते हैं...जिनमें...जिनमें...वह भी होता है...मतलब कलह-क्लेश होता है...पर क्यों होता है? उस कलह-क्लेश के कारण...उसके कारण...आदमी के लिए...किसी भी आदमी के लिए...घर की आवश्यकता...जो सुख-शान्ति वह चाहता है...उसकी आवश्यकता...एक अन्दरूनी आवश्यकता...जैसे आज ही समाचार था...कि एक आदमी ने...अपने पूरे परिवार के साथ...पूरे परिवार को उसने ज़हर दे दिया...और उसके साथ...उसके बाद...स्वयं भी आत्महत्या करने का प्रयत्न किया है...।

रमेश, सत्यपाल : हियर, हियर!

कपूर : *(डस्टर से मेज़ ठोकता हुआ)* ऑर्डर-ऑर्डर!

शर्मा : जानने की बात यह है...कि ऐसा जब भी होता है...जब भी ऐसा होता है...तो उसके मूल में...यदि उसके मूल कारणों की खोज

की जाए तो...तो पता चलेगा कि...कहीं-न-कहीं...अवश्य कहीं-न-कहीं...और यह बात किसी के लिए भी सच हो सकती है...कि कहीं-न-कहीं...कुछ-न-कुछ ऐसा है कि...हो सकता है कि मैं अपने विषय से थोड़ा भटक गया हूँ...परन्तु यह इसलिए है कि...यदि हम सोचना चाहें, तो पता चल सकता है कि...वह कुछ-न-कुछ क्या है?

ज़ेब से रूमाल निकालकर माथे का पसीना पोंछता है।

दीन दयाल : शर्मा, पानी पी लो थोड़ा। राम भरोसे, शर्मा को एक गिलास पानी देना।

शर्मा : मुझे पानी नहीं चाहिए।

दीन दयाल : थोड़ा पी लो, तरावट आ जाएगी।

शर्मा : नहीं, नहीं। *(राम भरोसे की तरफ़)* पानी नहीं चाहिए।

प्रेम प्रकाश : चाय मँगवा लो।

शर्मा : नहीं, चाय भी नहीं चाहिए। मैं जो बात आपके सामने रख रहा हूँ...।

कपूर : सीधे आज का परस्ताव ही क्यों नहीं पढ़ देते? जो बात है, वह सब लोग जानते हैं।

रमेश : बोल लेने दीजिए उन्हें। अगली मीटिंग जाने कब होगी!

सत्यपाल : शर्मा साहब, सीधे उस बात पर आ जाइए...जब से इन्दिरा सरकार बनी है, तब से...।

रमेश : बल्कि उससे भी आगे से शुरू कीजिए...जब से आपने सेक्रेटरी पद सँभाला है, तब से...।

कपूर : ऑर्डर-ऑर्डर! शर्मा, तुम परस्ताव पढ़ दो अब।

सन्तोष : क्षमा कीजिए परस्ताव नहीं, प्रस्ताव।

कपूर : परस्ताव।

सन्तोष : *(ज़ोर देकर)* प्रस्ताव।

कपूर : *(ज़ोर देकर)* परस्ताव।

दीन दयाल : पी ए आर ए एस नहीं पी आर ए एस...प्रस्ताव।

कपूर : जो भी हो वह रेज़ोल्यूशन की हिन्दी। वह पढ़ दो तुम।

शर्मा : तो मैं आपका अधिक समय न लेकर आपके सामने प्रस्ताव पेश कर रहा हूँ।

अपनी फ़ाइल खोलता है। फिर उसे आगे-पीछे पलटने लगता है।

: प्रस्ताव है...प्रस्ताव था...।

रमेश : था, मतलब खो गया कहीं?

शर्मा : नहीं, इस फ़ाइल में है...मतलब इसी फ़ाइल में था...अभी सुबह मैंने ड्राफ़्ट बनाया था...।

सत्यपाल : किसी और फ़ाइल में तो नहीं है?

शर्मा : और किस फ़ाइल में हो सकता है?

सत्यपाल : गुरप्रीत जी की फ़ाइल देख लीजिए। उसमें हो शायद।

शर्मा : *(सख़्त पड़कर)* उनके पास कोई फ़ाइल नहीं है।

सत्यपाल : तो हो सकता है, उनके बटुवे में हो।

गुरप्रीत : *(सख़्त पड़कर)* इनका प्रस्ताव मेरे बटुवे में? आप कहना क्या चाहते हैं?

सत्यपाल : नाराज़ होने की बात नहीं। क्योंकि प्रस्ताव खो गया है, इसलिए मैंने सोचा कि हो सकता है इधर-उधर पड़ा देखकर आपने अपने बटुवे में सँभाल लिया हो।

गुरप्रीत : *(उसी तरह सख़्त)* मेरे बटुवे में ऐसी फ़ालतू चीज़ों के लिए जगह नहीं है।

रमेश : क्या कहा आपने? फ़ालतू या पालतू?

गुरप्रीत : *(और भी सख़्त)* रमेश चोपड़ा!

रमेश : प्रेज़ेंट मिस!

कपूर : ऑर्डर-ऑर्डर!

दीन दयाल : शर्मा, फ़ाइल में नहीं है, तो कहीं-न-कहीं तो होगा ही। एक बार पतलून की ज़ेब में देख लो।

शर्मा : पतलून की ज़ेब में कैसे हो सकता है? *(दोनों ज़ेबें टटोलता है)* घर से चलते समय मैंने फ़ाइल में रखा था। *(ज़ेबों का सामान निकालकर)* पतलून में सिर्फ़ रूमाल है और तीस पैसे हैं...।

सत्यपाल : सिर्फ़ तीस पैसे? ह्वाट पिटी!

प्रेम प्रकाश : पतलून में नहीं है, तो कोट की ज़ेबों में देख लो।

दीन दयाल : कोट की ज़ेबें सिली हुई हैं। आज ही ड्राईक्लीन होकर आया लगता है।

प्रेम प्रकाश : तो, अन्दर कमीज़ की ज़ेब में हो शायद?

शर्मा : कमीज़ में ज़ेब नहीं है। मैं ज़ेब वाली कमीज़ नहीं पहनता।

प्रेम प्रकाश : फिर तो एक बात हो सकती है। भागकर घर पर देख आओ। शायद बच्चों ने निकाल लिया हो।

दीन दयाल : बच्चों को प्रस्ताव का क्या करना है?

प्रेम प्रकाश : खेल रहे होंगे।

सत्यपाल : या वहाँ मोहल्ले में पेश कर रहे होंगे। हो सकता है, अब तक उन्होंने पास भी कर दिया हो।

कपूर : ऑर्डर-ऑर्डर...मेरा ख़याल है शर्मा, तुम जल्दी से नया ड्राफ़्ट बना लो।

शर्मा : नया ड्राफ़्ट? नया ड्राफ़्ट बन सकता है, लेकिन...।

रमेश : उसके लिए इन्हें किताब चाहिए वह...वन हंड्रेड ड्राफ़्ट रेज़ोल्यूशंज़।

शर्मा : मैं किताब देखकर ड्राफ़्ट नहीं बनाता।

सत्यपाल : ठीक बात है। वरना स्पेलिंग की इतनी ग़लतियाँ नहीं हो सकतीं।

कपूर : तुम साथ के कमरे में चले जाओ, शर्मा!

शर्मा : *(चुनौती स्वीकारने के स्वर में)* ठीक है। मैं अभी नया ड्राफ़्ट बनाकर लाता हूँ।

फ़ाइल समेटकर दाईं तरफ़ के दरवाज़े से चला जाता है। राम भरोसे आँख उठाकर उसे जाते देखता है, फिर सिर हिलाता है।

कपूर : *(जम्हाई रोककर)* उतनी देर अब क्या करना चाहिए?

दीन दयाल : आप बताएँ।

कपूर : आप लोग बताइए।

दीन दयाल : जो चेयरमैन की रूलिंग हो।

कपूर : मैं काहे का चेयरमैन हूँ? चेयरमैन तो आज आया ही नहीं।

रमेश : आप अपना वह भाषण दे दीजिए—असूल कहता है कि...।

कपूर : नहीं-नहीं, बहुत हो चुका वह। बोर हो गए।

रमेश : आप भी बोर हो गए?

कपूर : मुझे खुद भी तो सुनना पड़ता है।

दीन दयाल : तो मनोरमा जी से कहा जाए, ये गीत सुना दें।

प्रेम प्रकाश : ये तो मीटिंग के अन्त में सुनाती हैं।

दीन दयाल : हाँ-हाँ...आज पहले सुना दें।

प्रेम प्रकाश : *(दबे स्वर में)* पहले मोहन से कविताएँ सुन ली जाएँ।

दीन दयाल : मैं कहता हूँ, पहले गीत हो जाने दो।

प्रेम प्रकाश : मैं कहता हूँ, पहले कविताएँ हो जाने दो।

दीन दयाल : गीत में देर कम लगती है।

प्रेम प्रकाश : इसीलिए तो कह रहा हूँ। बाद में कविताओं में बहुत देर लग जाती

है। *(ऊँचे स्वर में)* मेरा प्रस्ताव है कि मनोरमा जी गीत सुनाएँ।

रमेश : मैं इसका समर्थन करता हूँ।

दीन दयाल : मेरा प्रस्ताव है कि मोहन अपनी कविताएँ सुनाएँ।

सत्यपाल : मैं इसका समर्थन करता हूँ।

सन्तोष : मेरा प्रस्ताव है कि सत्यपाल सब सदस्यों की नक़लें सुनाएँ।

रमेश : मैं इसका भी समर्थन करता हूँ।

कपूर : और मेरा प्रस्ताव है कि गुरप्रीत जी जिस प्रस्ताव का समर्थन करें, वह प्रस्ताव मान लिया जाए।

दीन दयाल : इसका समर्थन कौन करता है?

कपूर : मैं खुद ही समर्थन भी करता हूँ।

प्रेम प्रकाश : आप खुद अपने प्रस्ताव का समर्थन नहीं कर सकते, इसलिए आपका प्रस्ताव कैंसिल हुआ।

सत्यपाल : रमेश ने एक साथ दो-दो प्रस्तावों का समर्थन किया है, इसलिए वे दोनों प्रस्ताव भी कैंसिल हुए। अब सिर्फ़ दीन दयाल जी का प्रस्ताव रह जाता है कि मोहन अपनी कविताएँ सुनाएँ। *(मोहन की तरफ़ देखकर)* मोहन! अरे, इसे क्या हुआ है?

सब लोग देखते हैं कि मोहन आँखें मूँदकर डेस्क की पीठ से टेक लगाए है।

: मोहन!

मोहन हड़बड़ाकर आँखें खोलता है।

मोहन : क्या बात है?

सत्यपाल : उठ जाओ, तुम्हें कविताएँ सुनानी हैं।

मोहन : प्रस्ताव पास हो गया?

सत्यपाल : वह साथ के कमरे में ड्राफ़्ट हो रहा है।

मोहन : कौन ड्राफ़्ट कर रहा है?

सत्यपाल : शर्मा।

मोहन : तब ड्राफ़्ट हो जाने दो। हो जाए, तो जगा देना।

सत्यपाल : पर इस बीच दूसरा प्रस्ताव पास हो गया है।

मोहन : क्या?

सत्यपाल : कि तब तक तुमसे तुम्हारी कविताएँ...।

शर्मा दाईं तरफ़ से आता है।

शर्मा : मिल गया।

कपूर : वही ड्राफ़्ट जो खो गया था?

शर्मा : हाँ...बाहर कूड़े में था।

कपूर : कूड़े में?

शर्मा : आते हुए गिर गया होगा। जमादार ने झाड़ू से कूड़े में डाल दिया था।

कपूर : अच्छा है, मिल गया। वक़्त की बचत हो गई। अब तुम जल्दी से इसे पढ़ दो।

शर्मा पहले वाली जगह पर उसी मुद्रा में खड़ा हो जाता है।

शर्मा : *(गला साफ़ करके)* प्रस्ताव की रूपरेखा इस प्रकार है...*(काग़ज़ देखता है)* हम, लो ग्रेड वर्कर्ज़ वेलफ़ेयर सोसाइटी के सब सदस्य...।

सन्तोष : मुझे आपत्ति है। जब प्रस्ताव हिन्दी में है, तो संस्था का नाम भी हिन्दी में होना चाहिए।

दीन दयाल : मुझे भी आपत्ति है। जब सब सदस्य यहाँ उपस्थित नहीं हैं, तो प्रस्ताव में सब सदस्यों का उल्लेख कैसे किया जा सकता है?

रमेश : मैं पहली आपत्ति का समर्थन करता हूँ।

सत्यपाल : मैं दूसरी आपत्ति का समर्थन करता हूँ।

कपूर : आप पहले पूरा ड्राफ़्ट सुन लें। उसके बाद जो संशोदन करना हो, करें।

सन्तोष : संशोदन नहीं, संशोधन।

कपूर : संशोदन।

सन्तोष : धन धन धन...संशोधन।

कपूर : धन धन धन...संशोदन।

सन्तोष : सं...शो...धन।

कपूर : सं...शो...दन।

दीन दयाल : डी ए एन् नहीं, डी एच् ए एन्।

कपूर : आप पहले पूरा ड्राफ़्ट सुन लें। उसके बाद जो एमेंडमेंट करना हो करें।

सन्तोष : परन्तु हिन्दी के प्रस्ताव में संस्था का नाम अंग्रेजी में हो, यह राष्ट्रभाषा का अपमान है। आप इनसे कहिए, पहले नाम हिन्दी में कर दें।

कपूर : क्यों शर्मा, लो ग्रेड वर्कर्ज़ वेलफ़ेयर सोसाइटी की हिन्दी क्या है?

प्रेम प्रकाश : निचला दर्जा कामगार हितकारी सभा।

शर्मा : यह ग़लत है। इसकी असली हिन्दी है–निम्नस्तर-कर्मचारी-कल्याण समाज।

प्रेम प्रकाश : यह भी ग़लत है।

शर्मा : यह कैसे ग़लत है?

प्रेम प्रकाश : मेरी वाली हिन्दी कैसे ग़लत है?

शर्मा : वह पुरानी हिन्दी है, इसलिए ग़लत है।

प्रेम प्रकाश : यह मुश्किल हिन्दी है, इसलिए ग़लत है।

शर्मा : आप हिन्दी जानते हैं?

प्रेम प्रकाश : आप अंग्रेज़ी जानते हैं?

शर्मा : आप लड़ना चाहते हैं?

प्रेम प्रकाश : जी नहीं...आप...।

कपूर : दोस्तो, वक़्त बहुत हो रहा है। काम जल्दी होने दीजिए। जल्दी करो, शर्मा!

शर्मा : मैं आपकी दोनों आपत्तियाँ स्वीकार कर रहा हँ *(संशोधन करके)* तो अब प्रस्ताव इस प्रकार है...*(काग़ज़ देखता है)* हम, निम्नस्तर-कर्मचारी-कल्याण समाज के सब उपस्थित सदस्य...।

दीन दयाल : यह कैसे कहा जा सकता है कि प्रस्ताव सर्व-सम्मति से पास होगा? इसलिए सब उपस्थित सदस्यों का उल्लेख भी नहीं किया जा सकता।

शर्मा : तो आप क्या चाहते हैं, मैं प्रस्ताव पेश न करूँ?

दीनदयाल : मैंने यह कहा है? मैंने तो कहा है, शब्द 'सब' बीच में नहीं होना चाहिए।

शर्मा : मैं जब तक प्रस्ताव पूरा नहीं पढ़ लेता, तब तक इसमें कोई संशोधन नहीं करूँगा।

रमेश : यह आप कैसे कह सकते हैं? अभी-अभी आपने दो संशोधन स्वीकार किए हैं।

सत्यपाल : और जब दो-दो संशोधन स्वीकार कर सकते हैं, तो तीसरा क्यों नहीं कर सकते?

कपूर : घड़ी पर नज़र रखकर चलो, शर्मा!

शर्मा : तो लीजिए, मैं तीसरा संशोधन भी स्वीकार कर लेता हूँ। *(काग़ज़ देखता है)* हम, निम्नस्तर-कर्मचारी-कल्याण समाज के उपस्थित सदस्य बहुत तीव्रता से यह अनुभव करते हैं कि सामाजिक पुनर्निर्माण की सरकारी नीतियों में हमारे हितों का ठीक से संरक्षण नहीं हो पा रहा है। पंचवर्षीय योजनाओं के अन्तर्गत देश के बदलते आर्थिक ढाँचे में निम्नस्तर कर्मचारियों

के लिए समुचित निम्नस्तर आवास-व्यवस्था सरकार का एक प्रमुख उत्तरदायित्व है। इस उत्तरदायित्व के निर्वाह की...निर्वाह की...एक शब्द मिट गया है...क्या शब्द है?...निर्वाह की...।

कपूर : मिट कैसे गया?

शर्मा : पता नहीं कैसे...।

रमेश : जमादार की झाड़ से मिट गया होगा।

शर्मा : निर्वाह की...निर्वाह की...किस उससे?

सन्तोष : दृष्टि से?

शर्मा : हाँ, हाँ...दृष्टि से सरकार को चाहिए था कि शीघ्र-से-शीघ्र एक निम्नस्तर-गृह-निर्माण योजना बनाकर सब ऐसे कर्मचारियों को, जिनकी कि सेवा पाँच साल से अधिक की है, छोटी-छोटी किस्तों पर एक-एक घर उप उप उप...।

दीनदयाल : एक और शब्द मिट गया?

शर्मा : पूरा नहीं मिटा। घर उप उप उप...।

दीनदयाल : उपद्रव?

शर्मा : उपद्रव कराने का बीड़ा...नहीं, यह नहीं हो सकता।

सन्तोष : उपलब्ध?

शर्मा : हाँ-हाँ...उपलब्ध कराने का बीड़ा उठाए।

कपूर : इतना ही है या और भी है?

शर्मा : है तो और भी, पर वह छोड़ा जा सकता है।

कपूर : जो छोड़ा जा सकता है, उसे छोड़ दो। तो सज्जनो, अब इसका समर्थन कौन करता है?

रमेश : समर्थन का क्या है, मैं समर्थन कर देता हूँ। *(मास्टर की कुरसी के पास आकर)* मैं इस प्रस्ताव का समर्थन करता हूँ।

लौटकर अपनी जगह चला जाता है।

मोहन : *(बैठे-बैठे)* मैं इस प्रस्ताव का विरोध करता हूँ।

सब लोग घूमकर उसकी तरफ़ देखते हैं।

कपूर : इसका मतलब है, अभी और वक़्त लगेगा।

प्रेम प्रकाश : तुम्हारी नींद कब खुली?

दीन दयाल : तुमने प्रस्ताव सुना भी है?

मोहन : सब सुना है, इसीलिए विरोध कर रहा हूँ।

दीन दयाल : प्रस्ताव में कहा क्या गया है?

मोहन : क्या कहा गया है?

दीन दयाल : तुम बताओ?

मोहन : आप बताइए?

दीन दयाल : कपूर साहब, आप बताइए इसे।

कपूर : मैं? मुझे तो हिन्दी समझ ही नहीं आती।

सन्तोष : प्रस्ताव अपने में बिलकुल स्पष्ट है।

मोहन : क्या स्पष्ट है?

सन्तोष : क्या स्पष्ट नहीं है?

मोहन : बहुत कुछ स्पष्ट नहीं है।

सन्तोष : जैसे?

मोहन : जैसे...।

कपूर : तुम्हें ज़्यादा कुछ कहना है।

मोहन : बहुत कुछ कहना है।

कपूर : तो यहाँ शर्मा की जगह पर आ जाओ।

शर्मा अनमने भाव से नीचे उतर जाता है। मोहन उसकी जगह पर आ खड़ा होता है।

मोहन : प्रस्ताव में तीन जगह एक शब्द आया है—निम्नस्तर। इसका अर्थ है, चूँकि आज हम निम्नस्तर के कर्मचारी हैं, इसलिए जीवन-भर हमें निम्नस्तर के ही बने रहना है। हमारे लिए आवास-व्यवस्था हो, तो कैसी? निम्नस्तर की। हमारे लिए घर बनाए जाएँ, तो कैसे? निम्नस्तर के। इसके बाद शायद हम लोग यह माँग करें कि हमारे निम्नस्तर बच्चों के लिए निम्नस्तर बाल-संरक्षण व्यवस्था के अन्तर्गत निम्नस्तर पालन की एक योजना बनाई जाए जिससे हर ऐसे बच्चे को, जिसकी कि उम्र पाँच साल से अधिक की है, कम-से-कम आधा पाव दूध उपलब्ध हो सके।

रमेश : हियर-हियर!

कपूर : आपने प्रस्ताव का समर्थन किया है और उसके विरोध में भी हियर-हियर कर रहे हैं?

रमेश : *(पहले की तरह उठकर और मास्टर की कुरसी के पास आकर)* मैं अपना समर्थन वापस लेता हूँ।

वापस जा बैठता है।

शर्मा : आप अपना समर्थन वापस कैसे ले सकते हैं? समर्थन कभी वापस नहीं लिया जाता।

रमेश : क्यों नहीं लिया जाता?

सत्यपाल : जब प्रस्ताव वापस लिया जा सकता है, तो समर्थन भी वापस लिया जा सकता है।

रमेश : मुझे विश्वास हो गया है कि आपका प्रस्ताव ग़लत है। इसलिए मैंने अपना समर्थन वापस ले लिया है।

कपूर : *(मोहन से)* तुम्हें और भी कुछ कहना है अभी?

मोहन : बहुत कुछ कहना है।

कपूर : *(घड़ी देखकर उठता हुआ)* तो मैं आप लोगों से इजाज़त चाहूँगा। मुझे एक जगह पहुँचना है ज़रूरी...।

शर्मा : *(आगे आकर)* नहीं-नहीं, कपूर साहब!

कपूर : भई, देखो, शर्मा...!

शर्मा : नहीं-नहीं, कपूर साहब!

कपूर : भई, ऐसा है कि...।

शर्मा : *(कपूर को बाँह से पकड़कर कुरसी पर बिठाता है)* नहीं-नहीं, आप नहीं जा सकते।

कपूर : *(मिन्नत और शिकायत के स्वर में)* भई, मेरा बहुत ज़रूरी है जाना।

शर्मा : प्रस्ताव उससे ज़्यादा ज़रूरी है।

कपूर : उससे ज़्यादा ज़रूरी नहीं है।

शर्मा : उससे ज़्यादा ज़रूरी है।

कपूर : नहीं है।

शर्मा : है।

कपूर : नहीं है।

शर्मा : है।

कपूर : तुम किसी और को बना लो चेयरमैन थोड़ी देर के लिए।

शर्मा : आप रुख देख ही रहे हैं। आपके बग़ैर यह प्रस्ताव पास नहीं हो सकता।

कपूर : क्यों नहीं हो सकता?

शर्मा : नहीं हो सकता।

कपूर : क्यों नहीं हो सकता?

शर्मा : नहीं हो सकता।

कपूर : जहाँ मुझे पहुँचना है, वहीं बल्कि मनोरमा जी को भी पहुँचना है। पूछ लो इनसे।

फिर से उठने की चेष्टा करता है।

शर्मा : *(फिर से उसे बिठाकर)* तब तो आप हरगिज़ नहीं जा सकते। मनोरमा जी का वोट बहुत इम्पार्टेंट है।

कपूर : *(असहाय भाव से मनोरमा को देखता हुआ)* आप क्या कहती हैं?

मनोरमा : *(उससे आँखें बचाती है)* मैं कुछ नहीं कहती।

कपूर : सात बज गया है।

मनोरमा : मुझे आठ से पहले घर पहुँच जाना है।

कपूर : *(फिर से उठता है)* इसलिए, शर्मा...!

शर्मा : *(फिर से बिठाता है)* नहीं-नहीं, कपूर साहब!

मनोरमा : मैं यहाँ से सीधी घर जाऊँगी।

कपूर : सीधी घर जाएँगी?

मनोरमा : सीधी घर जाऊँगी।

कपूर : तो वह जहाँ चलना था?

मनोरमा : मैं नहीं चल सकूँगी।

कपूर : क्या कह रही हैं?

मनोरमा : मैं नहीं चल सकूँगी। आठ से पहले मेरा घर पहुँचना ज़रूरी है। बच्चों को खाना खिलाना है।

कपूर : वह तो साढ़े आठ भी खिलाया जा सकता है।

मनोरमा : आठ तक वे भी लौट आएँगे।

कपूर : *(निढाल होकर)* तब तो...तब तो...ख़ैर, ठीक है, शर्मा! तुम प्रस्ताव पास करा लो अपना। *(मोहन से)* बोलिए आप।

शर्मा : *(मोहन से)* बोलिए आप।

मोहन : सबसे पहले मैं आपका ध्यान इस चीज़ की ओर दिलाना चाहता हूँ कि हमारे अन्दर यह निम्नस्तर की वृत्ति क्या है, क्यों है?

शर्मा : विषय से बाहर मत जाइए।

मोहन : आप बीच में मत टोकिए। यह निम्नस्तर की वृत्ति एक संक्रामक रोग की तरह है, जिसके कीटाणु...।

कपूर : जिसके क्या?

मोहन : कीटाणु...जर्म्स...हमारी नस-नस में फैल जाते हैं और रात-दिन दुगुने, चौगुने, दसगुने, सौगुने होते जाते हैं। इनसे आदमी की महत्त्वाकांक्षा मर जाती है, कार्य-शक्ति जवाब दे जाती है, किसी भी चीज को लेकर 'न' कह सकने का साहस उसमें नहीं रह जाता। वह केवल दूसरों का मुँह ताकने और हाँ-हाँ करने की एक मशीन में बदल जाता है जिसका सारा ध्यान निम्नस्तर की कुछ आवश्यकताओं

को छोड़कर और किसी चीज़ पर नहीं टिक पाता। परिणाम होता है कुछ निम्नस्तर की माँगें, कुछ निम्नस्तर के प्रस्ताव...।

रमेश, सत्यपाल : *(डेस्क थपकते हैं)* हियर-हियर!

शर्मा : यह मुझे गाली है।

मोहन : यह गाली नहीं है।

शर्मा : गाली है।

मोहन : गाली नहीं है।

शर्मा : है।

मोहन : नहीं है।

दीन दयाल : मिस्टर चेयरमैन, आप फ़ैसला कीजिए, यह गाली है या नहीं है?

कपूर : यहाँ हिन्दी-से-हिन्दी की डिक्शनरी मिल सकती है?

प्रेम प्रकाश : डिक्शनरी की क्या ज़रूरत है? सन्तोष जी यहाँ हैं।

कपूर : क्यों, सन्तोष जी...?

सन्तोष : निम्नस्तर के दो अर्थ हैं। एक न्यून स्तर। दूसरा हीन स्तर।

कपूर : उन दोनों के क्या अर्थ हैं?

सन्तोष : न्यून स्तर के भी दो अर्थ हैं।

कपूर : माफ़ कीजिए, जितने भी अर्थ हैं, उनमें कोई गाली तो नहीं है?

सन्तोष : गाली हो भी सकती है, नहीं भी हो सकती। यह शब्द का प्रयोग करने वाले की भावना पर है।

कपूर : मिस्टर मोहन, आपकी भावना गाली देने की थी?

मोहन : बिलकुल नहीं।

कपूर : तो आगे चलिए। *(शर्मा से)* इन्होंने गाली नहीं दी।

शर्मा : इन्होंने मेरे प्रस्ताव को निम्नस्तर का कहा है।

कपूर : यार, यही लफ़्ज़ तुमने भी तीन बार इस्तेमाल किया है। अब आगे चलने दो। *(मोहन से)* चलिए।

मोहन : यह निम्नस्तर की वृत्ति हमारे अन्दर इस तरह घर कर गई है कि हमारी जीवन-सम्बन्धी धारणा ही निम्नस्तर की होकर रह गई है। हम हँसते हैं, तो वह हँसी निम्नस्तर की होती है। प्रेम करते हैं, तो वह प्रेम निम्नस्तर का होता है...।

मनोरमा : आप किस विषय में बोल रहे हैं? प्रस्ताव से इन बातों का कोई सम्बन्ध नहीं है।

मोहन : सम्बन्ध है।

मनोरमा : नहीं है।

मोहन : है।

गुरप्रीत : *(उठती हुई)* भई, मैं जा रही हूँ। आप लोग प्रस्ताव पास करते रहिए।

मनोरमा : *(उठती हुई)* मैं भी चल रही हूँ। यहाँ मीटिंग नहीं होती, बस यही सब होता है।

शर्मा : *(हताश भाव से)* रुकिए, रुकिए आप लोग।

कपूर : *(खड़ा होकर)* जाइए नहीं, मैं दस मिनट में मीटिंग ख़त्म कर रहा हूँ।

वे दोनों दाईं तरफ़ से निकल जाती हैं।

शर्मा : सुनिए, मनोरमा जी...!

कपूर : ठहरिए, गुरप्रीत जी...!

कुरसी छोड़कर उन दोनों के पीछे जाने लगता है, पर शर्मा उसे बाँह पकड़कर रोक लेता है।

शर्मा : कम-से-कम आप तो मत जाइए।

कपूर : लेकिन, शर्मा...!

शर्मा : *(उसे कुरसी पर बिठाता है)* अब साथ ही चलेंगे थोड़ी देर में।

कपूर : *(निढाल होकर मोहन से)* आपको और भी कुछ कहना है अभी।

मोहन : केवल इतना कहना है कि इस निम्नस्तर की वृत्ति से छुटकारा पाने के लिए हमें प्रस्ताव यह पास करना चाहिए कि आज से हम कहीं भी, किसी भी रूप में अपने साथ इस शब्द का प्रयोग नहीं करेंगे। इसलिए सबसे पहले हम अपनी संस्था का नाम बदलकर...।

शर्मा : जब तक पहले प्रस्ताव पर विचार नहीं हो जाता, तब तक आप दूसरा प्रस्ताव पेश नहीं कर सकते।

मोहन : यह दूसरा प्रस्ताव नहीं है।

शर्मा : बिलकुल दूसरा प्रस्ताव है।

मोहन : नहीं है।

कपूर : *(मेज़ पर मुक्का मारता है)* है-है-है! मैं आपको अब और बोलने की इजाज़त नहीं दे सकता। आप अपनी जगह लौट जाइए।

मोहन : लेकिन, अध्यक्ष महोदय...!

कपूर : आप अपनी जगह पर लौट जाइए। मैं अब शर्मा के प्रस्ताव पर वोट लूँगा।

रमेश : आप वोट नहीं ले सकते। क्योंकि और लोगों को भी प्रस्ताव पर बोलना है।

कपूर : अब उसके लिए वक़्त नहीं है।

सत्यपाल : पर वक़्त क्यों नहीं है?

कपूर : क्योंकि नहीं है।

सत्यपाल : पर क्यों नहीं है?

कपूर : आप एक लाइन में कहिए, आपको क्या कहना है?

सत्यपाल : मैं एक लाइन में नहीं कह सकता।

कपूर : तो मत कहिए।

मोहन : लेकिन, अध्यक्ष महोदय...!

कपूर : *(गुस्से से)* आपसे कहा है, आप लौट जाइए अपनी जगह पर।

मोहन : आप मेरा अपमान कर रहे हैं।

कपूर : आप चेयर का अपमान कर रहे हैं।

मोहन : आपको इस तरह बोलने का कोई अधिकार नहीं है।

कपूर : आपको इस तरह खड़े रहने का कोई अधिकार नहीं है। जो लोग प्रस्ताव के हक़ में हैं, वे लोग अपने हाथ...।

मोहन : आप प्रस्ताव पर वोट नहीं ले सकते। पहले आप अपने व्यवहार के लिए क्षमा माँगें।

कपूर : मुझे किसी से क्षमा नहीं माँगनी है। जो लोग हक़ में हैं...।

सत्यपाल : आप वोट नहीं ले सकते, क्योंकि अभी तक प्रस्ताव का समर्थन नहीं हुआ।

शर्मा : समर्थन हो चुका है।

रमेश : नहीं हुआ। मैंने अपना समर्थन वापस ले लिया है।

कपूर : दीन दयाल जी, आप समर्थन कर दें।

दीन दयाल : मैं समर्थन करता हूँ।

सत्यपाल : आप फिर भी वोट नहीं ले सकते, क्योंकि मुझे अभी प्रस्ताव के बारे में अपने विचार सामने रखने हैं।

शर्मा : आप अपने विचार सामने नहीं रख सकते, क्योंकि आप इस समय सदस्य नहीं हैं। आपका चन्दा अभी तक नहीं आया है।

रमेश : जिस दिन आप सेक्रेटरी चुने गए थे, उस दिन आपका भी चन्दा नहीं आया था, और आप सदस्य नहीं थे। जो सदस्य न हो, वह सेक्रेटरी कैसे बन सकता है? मैं सेक्रेटरी के चुनाव को चैलेंज करता हूँ।

सत्यपाल : बल्कि जिस दिन यह संस्था बनी थी, और पदाधिकारियों का चुनाव किया गया था, उस दिन किसी का भी चन्दा नहीं आया था और कोई भी सदस्य नहीं था। इसलिए मैं इस संस्था के पूरे

चुनाव को चैलेंज करता हूँ।

रमेश : और क्योंकि तब के चुने हुए पदाधिकारी इस संस्था को चला रहे हैं, इसलिए मैं इस संस्था को चैलेंज करता हूँ।

कपूर : *(डस्टर से मेज़ को ठोंकता हुआ)* ऑर्डर-ऑर्डर-ऑर्डर! मैंने वोटिंग के लिए कह दिया है। जिन लोगों को एतराज़ है, वे चाहें तो वाक-आउट कर सकते हैं।

रमेश : हम वाक-आउट नहीं करेंगे।

सन्तोष : *(उठती हुई)* आप लोग कार्यवाही जारी रखिए। मुझे जाने की अनुमति चाहिए।

मोहन : *(नीचे आकर)* ठहरिए, सन्तोष जी! मुझे भी उधर ही जाना है।

सन्तोष : *(बाहर निकलती)* आप अपना देख लीजिए। मैं अब और नहीं रुकूँगी।

पल-भर की ख़ामोशी। मोहन अनिश्चित भाव से सबकी तरफ़ देखता है।

मोहन : *(आकस्मिक ढंग से)* मैं वाक-आउट कर रहा हूँ।

जल्दी से सन्तोष के पीछे निकल जाता है। उसके बाद भी पल-भर ख़ामोशी रहती है।

कपूर : *(अपने को सहेजकर)* तो अब...।

शर्मा : *(पस्त भाव से)* अब कुछ नहीं हो सकता।

कपूर : क्यों?

शर्मा : क्योंकि कोरम पूरा नहीं है।

कपूर : लेडीज़ ऐंड जेंटलमेन...!

प्रेम प्रकाश : माफ़ कीजिए, लेडीज़ सब चली गई हैं, सिर्फ़ जेंटलमेन बाक़ी हैं।

कपूर : तो...तो जेंटलमेन, मुझे अफ़सोस है कि कोरम पूरा न होने से मीटिंग अब जारी नहीं रह सकती। मैं मीटिंग बरख़ास्त करता हूँ।

खलबली-सी मच जाती है। रमेश और सत्यपाल डेस्कों पर हाथ मारते हुए 'शेम-शेम' के नारे लगाते हैं। पहले कपूर और शर्मा, फिर प्रेम प्रकाश और दीन दयाल कमरे से चले जाते हैं। रमेश और सत्यपाल को ज़रा बाद में ध्यान आता है कि वे ख़ाली कमरे में 'शेम-शेम कर रहे हैं। वे दोनों अचानक हाथ रोककर एक-दूसरे की तरफ़ देखते हैं ठहाका लगाते हैं, और बाहर चले जाते हैं।

श्याम भरोसे ऊँघ रहा है। राम भरोसे उसे हिलाता है।

राम भरोसे : उठ भइया, श्याम भरोसे! तमाशा खतम हुआ।

श्याम भरोसे : *(जागकर)* बाबू लोग चले गए?

राम भरोसे : चले गए।

श्याम भरोसे : क्या-क्या पास कर गए?

राम भरोसे : पास कर गए कि राम भरोसे, राम भरोसे के घर में रहेगा; श्याम भरोसे, श्याम भरोसे के घर में। और बाबू लोग अपने-अपने घर में रहेंगे।

श्याम भरोसे की आँखें फैल जाती हैं।

श्याम भरोसे : और?

राम भरोसे : और कि मूँगफली के आधे छिलके राम भरोसे साफ़ करेगा, आधे श्याम भरोसे।

श्याम भरोसे आँखें झपकाता है।

श्याम भरोसे : और कुछ नहीं?

राम भरोसे : कुछ नहीं। *(उसे बगल से पकड़कर सीधा खड़ा करता हुआ)* अब सीधा हो जा। बहुत कूड़ा कर गए हैं। साफ़ करना है!

एक झाड़न श्याम भरोसे के हाथ में देता है। दोनों फिर कुरसियाँ झाड़ने लगते हैं।

[पर्दा गिरता है।]

बीज-नाटक

शायद...

पात्र

स्त्री

पुरुष

और...कोई नहीं।

एक साधारण घर। स्त्री और पुरुष। स्त्री खाने की मेज़ से जूठी प्लेटें हटाती हुई। पुरुष ड्रेसिंग गाउन की ज़ेबों में हाथ डाले सामने देखता हुआ।

स्त्री : फिर सोचने लगे?

पुरुष : *(आँखें झपकाता हुआ)* नहीं।

स्त्री : थोड़ा टहल क्यों नहीं आते?

पुरुष : मन नहीं है।

स्त्री : *(सब प्लेटों को ट्रे में समा लेने में व्यस्त)* क्या कहा...क्या नहीं है? मैंने सुना नहीं।

पुरुष : *(ज़ेब से सिगरेट निकालता हुआ)* वह माचिस...अभी ली थी तुमने...।

स्त्री : थोड़ा टहल आते, तो मन बदल जाता।

पुरुष : वह माचिस...?

स्त्री : रोज़ शाम को खाना खाते वक़्त तुम्हारा मन उदास हो जाता है।

तिपाई से माचिस उठाकर उसे दे देती है।

पुरुष : *(सिगरेट सुलगाता हुआ)* जाओ, प्लेटें रख आओ।

स्त्री : तुम कुछ दिनों के लिए कहीं बाहर चले जाओ...सच कह रही हूँ।

पुरुष 'हूँ' कहकर कुहनियों पर झुक जाता है।

पुरुष : जहाँ तक बाहर जाने का सवाल है...।

स्त्री ट्रे उठाकर चल देती है। पुरुष शिकायत-भरी नज़र से उसे जाते देखता रहता है। फिर सिगरेट के लम्बे-लम्बे कश खींचता है। स्त्री लौटकर आती है, तो वह उसकी तरफ़ नहीं देखता।

स्त्री : तुम बाहर जाने की बात कर रहे थे...*(अपने हाथ को देखती हुई)* मेरे हाथ का एग्ज़ीमा फिर उभर आया है।

पुरुष : *(हलकी खीझ के साथ)* बाहर कहाँ चला जाऊँ? और कहीं भी जाकर क्या होगा?...सब जगहें एक-सी हैं। सब जगह एक-सा लगता है।

अब उसकी आँखें स्त्री की तरफ़ उठ जाती हैं, पर वह अपने हाथ को ही देख रही है।

स्त्री : उस मरहम से ठीक हो जाया करता था...पर न जाने उसकी डब्बी...मैंने तुमसे पहले भी कहा था, कुछ दिनों के लिए सूरत चले जाओ।

पुरुष : *(व्यंग्यतापूर्ण स्वर में)* सूरत! *(फिर याद हो आने से इधर-उधर देखता हुआ)* मैंने अपना पेन कहाँ रख दिया?...अभी उस वक़्त उससे लिख रहा था...चिट्ठी...।

स्त्री : तब तुम कहते थे, देव कलक त्ता चला जाए, उसके बाद ही कहीं जाने की सोचूँगा। अब तो देव को ट्रांसफ़र होकर गए भी तीन हफ़्ते हो गए।...हाथ में इतनी खुजली होती है कि बस...।

पुरुष : देखना, कहीं नीचे तो नहीं गिर गया?...और जाने क्या बात अभी आई थी दिमाग़ में...अचानक ग़ायब हो गई।

स्त्री : सच...क्यों नहीं अगले हफ़्ते चले जाते तुम सूरत?...पेन तुम्हारी कमीज़ से टँगा है...वहाँ तुम्हारे इतने दोस्त हैं!

पुरुष : *(कमीज़ से पेन उतारकर उसे खोलता-बन्द करता हुआ)* सूरत... अब देखो न...ऐसा है कि सूरत...।

खाँसी उठ आने से बात पूरी नहीं कर पाता।

स्त्री : कितना कहती हूँ, याद से दवाई ले लिया करो। और सब बातों की याद तुम्हें रहती है, दवाई की याद कभी नहीं रहती।

पुरुष : *(खाँसी से रुके शब्दों को फिर से उठाता हुआ)* सूरत...अगले हफ़्ते नहीं...वहाँ जाना होगा, तो बाद में देखूँगा।

स्त्री : तुम्हारी यह बहुत आदत है।

पुरुष : *(जैसे चुनौती से लड़ता हुआ)* क्या आदत है?

स्त्री : यही!...पेन कोट की ज़ेब में रख लो, नहीं तो फिर भूल जाओगे और सुबह दफ़्तर जाकर...।

पुरुष : मैं तुमसे एक बात कहता हूँ।...मतलब ऐसे ही कभी-कभी सोचता हूँ कि...।

स्त्री : यही तो बात है। सोचते तुम बहुत हो। पेन कोट की ज़ेब में रख लो।

पुरुष : ...कि क्यों न कुछ दिनों के लिए किसी पहाड़ पर चला जाऊँ और...?

स्त्री : इतनी सर्दी में? चले जाओ। तुम्हारी मर्ज़ी है। पेन कोट की ज़ेब में रख लो।

पुरुष : ...और कुछ दिन वहाँ बिलकुल अकेला रहूँ?

जवाब सुनने के लिए रुकता है। मगर फिर इस एहसास के साथ कि जवाब पहले ही मिल चुका है।

: ...मगर फिर सोचता हूँ कि इन दिनों पहाड़ पर जाकर मन अकेलेपन से बहुत उचाट होगा।

स्त्री : तुम्हारी मर्ज़ी पर है। मैं तुमसे कुछ नहीं कह सकती।

पुरुष : *(अतिरिक्त गम्भीर होकर)* देखो...जाने की बात मैं इसलिए सोचता हूँ कि...।

स्त्री : दार्जिलिंग कैसी जगह है?

पुरुष : मैं कभी गया नहीं। क्यों?

स्त्री : ऐसे ही पूछा है।

पुरुष : *(परिस्थिति के प्रति आत्म-समर्पण करने के ढंग से)* अच्छा देखो...कल सुबह से...कल से कोशिश करूँगा कि दफ़्तर के काम में ही ज़्यादा दिलचस्पी लूँ। शायद उसी से थोड़े दिनों में...कुछ दिन देखना चाहिए ट्राई करके।

स्त्री : वह हो गया है...उस आदमी का प्रमोशन...जिसका तुम कराना चाहते थे?

पुरुष : ऐश-ट्रे देना ज़रा।...कहाँ हुआ है? उसकी जगह दूसरे का हो गया है...बिलकुल नाकारा आदमी है।...ख़ैर, देव के जाने तक तो मन इसी बात में उलझा था कि देव जाने वाला है, देव जाने वाला है...।

स्त्री : और अब इस बात में उलझा हुआ है कि देव चला गया है, देव चला गया है। *(सहसा व्यस्त होकर)* मैं भुनी हुई मूँगफली लाई थी, तुम्हारे लिए। देना भूल ही गई।

जाकर अलमारी से मूँगफली निकाल लाती है।

पुरुष : सच कितना अजीब है...!

स्त्री : क्या?

पुरुष : ...कि इस बात को हम कभी गिनते ही नहीं।

स्त्री : *(मूँगफली उसकी तरफ़ बढ़ाकर)* किस बात को?

पुरुष : लोगों के आने-जाने को। *(मूँगफली लेता हुआ)* इससे कितना

फ़र्क पड़ जाता है ज़िन्दगी में!...अच्छी भुनी हुई हैं।

स्त्री : *(अपने लिए मूँगफली छीलती हुई)* तुम उबर भी तो नहीं पाते हो किसी चीज़ से! और हमें इसमें सूझता ही नहीं कि हम क्या अच्छा कर सकते हैं तुम्हारे लिए। हम बस दाल-सब्ज़ी बना लेते हैं...कभी लौकी-टींडा...।

स्वर रुआँसा हो जाता है।

: हाँ, सच...धक्के खाते फिरते हैं दिन-भर...स्कूल से बाज़ार और बाज़ार से घर–और तुम खुश नहीं रहते फिर भी। मेरे अन्दर हर वक़्त इतना दुख रहता है तुम्हें लेकर।...छिलके नीचे मत डालो।

पुरुष : *(इस असमंजस में कि हाथ के छिलकों का क्या करे)* मैं सचमुच बहुत गिल्टी महसूस करता हूँ। दफ़्तर में बैठा हुआ भी सोचता रहता हूँ कि...।

कुछ समझ में न आने से छिलके एक हाथ से दूसरे हाथ में ले लेता है।

: ...कि तुम इतनी कोशिश करती हो अपनी तरफ़ से...।

स्त्री : और क्या? तुम तो सिर्फ़ गिल्टी ही महसूस करते हो...यहीं मेज़ पर एक तरफ़ रखते जाओ।

पुरुष : पता नहीं क्या है मेरे अन्दर...किस चीज़ की उदासी बनी रहती है हर वक़्त? *(छिलके मेज़ पर रखता हुआ कुछ आकस्मिक ढंग से)* अभी ख़बरों का वक़्त तो नहीं हुआ न?

स्त्री : मैंने शाम की ख़बरें सुनी थीं। कोई ख़ास ख़बर नहीं थी।

पुरुष : *(गम्भीर भाव में लौटकर)* लगता है यह नहीं करना, वह करना है। यहाँ नहीं रहना, वहाँ जाना है...।

स्त्री : वह कोई बाहर से आया हुआ है न...कहीं का प्रधानमंत्री या कौन? उसी के बारे में ख़बरें थीं।

पुरुष : ...एक-साथ पचासों चीज़ें हथौड़े मारती रहती हैं दिमाग़ पर। उनमें मिलने वालों के चेहरे भी होते हैं, दफ़्तर की फ़ाइलें भी होती हैं...वह प्रमोशन का केस ही था जैसे...और चीज़ों के बीच उसी का आरा हर वक़्त दिमाग़ में चलता रहता है।

स्त्री : प्रमोशन किसी का रुका और आरा तुम्हारे दिमाग़ में चलता रहता है!...एक छिलका मुँह पर लगा रह गया है।

पुरुष : यही तो तुम समझती नहीं हो। *(मुँह से छिलका साफ़ करने की कोशिश में)* अगर उसका प्रमोशन हो जाता, तो मेरा आधा काम...।

स्त्री : *(सहसा)* हाय, एक बात याद आ गई।

पुरुष : *(शिकायत की नज़र से उसे देखता हुआ)* क्या बात?

स्त्री : सुबह आधा केक किचन में खुला छोड़ गई थी, स्कूल से आने पर वह दिखा ही नहीं। खा लिया होगा चूहों ने...चलो।

पुरुष : *(अपनी गम्भीरता में लौटकर)* बस यही सब सोच-सोचकर मन उदास हो जाता है।

स्त्री : अभी नहीं उतरा, मैं उतार देती हूँ *(उसके मुँह से छिलका उतारती हुई)* मैं तो समझती हूँ कि तुम सोच-सोचकर उदास नहीं होते...उदास रहते हो, इसीलिए सोचते रहते हो।

पुरुष : और उदास किसलिए रहता हूँ?...उतर गया होगा अब तो।

स्त्री : पता नहीं, किसलिए उदास रहते हो?...हाँ, उतर गया।

पुरुष : मैं ऐसा कुछ चाहता हूँ...।

स्त्री : यही तो बात है। तुम वही कुछ चाहते हो जो तुम्हारे पास नहीं होता।

पुरुष : जैसे?

स्त्री : जैसे क्या बताऊँ?...जैसे देव चला गया है, तो उसी का ग़म तुम्हें नहीं छोड़ता।

पुरुष : *(हलकी उसाँस के साथ)* शायद।

स्त्री : तुम अपने को अलग कर ही नहीं पाते कभी।

पुरुष : किससे?

स्त्री : लोगों से...चीज़ों से...जिन-जिन से तुम्हारा मन जुड़ा है, उन सबसे।

पुरुष : *(वैसे ही उसाँस के साथ)* शायद।

स्त्री : *(सहसा व्यस्त होकर)* मैं एक मिनट किचन में देख आऊँ, कहीं कुछ और तो खुला नहीं छोड़ आई। अभी आई एक मिनट में।

चली जाती है। पुरुष उठकर टहलता हुआ खिड़की के पास आ जाता है। स्त्री उत्साहित भाव से लौटकर आती है।

स्त्री : तुमने देखा है, बिल्ली के बच्चे कितने बड़े-बड़े हो गए हैं?

पुरुष : *(उसकी तरफ़ मुड़कर)* तुम उस वक़्त सूरत जाने की जो बात कह रही थीं...।

स्त्री : थोड़े दिनों में देखना, लोग हमसे माँगने आने लगेंगे।

पुरुष : मैं सोचता हूँ कि...।

स्त्री : हाँ, चले जाओ तुम्हारा मन हो तो।

पुरुष : मैं इसलिए कह रहा था कि हो सकता है कुछ दिन समुन्दर के किनारे घूमने से ही...।

स्त्री : मैंने अभी कहा था...यहाँ घूम आने के लिए...तो गए ही नहीं।

पुरुष : मैं बात कर रहा था...।

स्त्री : पता नहीं, ऐसा क्या लगता है तुम्हें समुन्दर के किनारे घूमने में? मुझे तो ज़रा अच्छा नहीं लगता।...खिड़की से हट जाओ, ठंड खा जाओगे।

पुरुष : मुझे बहुत पसन्द है समुन्दर के किनारे घूमना। *(खिड़की से हटकर आता हुआ)* कितना अच्छा लगता है जब ऊँची-ऊँची लहरें किनारे से टकराती हैं...छपाक्!...छपाक्!...छपाक्!

स्त्री : वहीं सूरत में ही न...मेरे सब गर्म कपड़े कीड़ों ने खा लिए थे।

पुरुष : वह तो इसलिए खा लिए थे कि...कैसे आधी-आधी रात तक हम वहाँ टहलते रहते थे!

स्त्री : किसलिए खा लिए थे?...बताओ न!

पुरुष : आज अगर हम वहाँ होते, तो...।

स्त्री : तुम्हारा मन हमेशा उन चीज़ों के लिए भटकता है जो तुमसे दूर हैं। पास होने पर चाहे तुम उन्हें देखो भी नहीं...पर उनका सेंक तुम्हें पहुँचता रहना चाहिए।

दरवाज़े के पास जाकर पुरुष का ध्यान बाहर की तरफ़ चला जाता है। वह पल-भर उधर देखता रहता है।

पुरुष : उनमें से एक बहुत अच्छा है।

स्त्री : किनमें से?

पुरुष : बिल्ली के बच्चों में से। वह जिसके सफ़ेद चित्तियाँ हैं। वह तुम किसी को मत देना।

स्त्री : मुझे तो दूसरा पसन्द है। वह जो...।

पुरुष : *(उधर से हटकर जाता हुआ)* मैं कहना चाहता था कि क्यों न महीने-भर का प्रोग्राम बनाकर हम दोनों सूरत चलें?

स्त्री : *(विभोर होकर)* दोनों?...सच कह रहे हो?...*(एकाएक सतह पर आकर)* स्कूल में इन दिनों बच्चों के टेस्ट चल रहे हैं...महीने-भर की छुट्टी मुझे कौन देगा?

पुरुष : *(समस्या का वज़न महसूस करता हुआ)*...हूँ!

उँगलियाँ चटकाता हुआ पल-भर गम्भीर भाव से सोचता रहता है। फिर जैसे हल सूझ जाने से :

: तुम्हारी छुट्टियाँ आ रही हैं न बीस दिन की? उन्हीं दिनों बीस दिन का प्रोग्राम बनाकर चलें।

स्त्री : उन दिनों?...*(पल-भर सोचती रहकर कि उन दिनों क्यों नहीं जाया जा सकता)* पर उन दिनों कुछ है न?

पुरुष : क्या है?

स्त्री : कुछ है...पता नहीं क्या...नहीं है?

पुरुष : पता नहीं...जहाँ तक मेरा ख़याल है...।

स्त्री : कुछ तो है...याद नहीं आ रहा...अभी आ जाएगा याद...।

पुरुष : ख़ैर, जब याद नहीं आता, तब तक...।

स्त्री : *(चमककर)* आ गया याद।

पुरुष : *(निराश स्वर में)* आ गया?...तब तो...।

स्त्री : वह मीटिंग है न उन दिनों?

पुरुष : मीटिंग?

स्त्री : तुम्हारी ही तो है मीटिंग...तुम बता रहे थे...पिछले हफ़्ते...जब मैंने तुमसे कहा था...।

पुरुष : क्या?

स्त्री : ...कि हम दोनों साथ-साथ चलें छुट्टियों में...सूरत!

पुरुष : *(मुरझाकर)* हाँ हाँ हाँ...वह तो है...वह मीटिंग...! अच्छा देखो। लैट अस सी।

टहलता हुआ खिड़की के पास चला जाता है।

स्त्री : तुम बहुत जल्दी उदास हो जाते हो...एक तो तुम सेंसिटिव बहुत हो।

पुरुष : *(बाहर देखता हुआ)* हाँ, यही तो ट्रेजेडी है...।

स्त्री : सेंसिटिव मैं भी बहुत हूँ, पर मैं अपने को दबा जाती हूँ।

पुरुष : *(बिना रुके)*...सबसे बड़ी ट्रेजेडी ही यह है।

स्त्री : तुम्हारी तरह हर वक़्त सेंसिटिव बनी रहती न मैं भी...।

पुरुष : अच्छा...देखो! मीटिंग कैंसिल हो जाए, तभी कुछ हो सकता है।

स्त्री : *(रुआँसे स्पर्श के साथ)* कभी ज़रा भी ग़लती हो जाए मुझसे, तो एकदम झल्ला जाते हो।

पुरुष : *(थोड़ा तीखा पड़कर)* मैं झल्ला जाता हूँ? तुम नहीं धौंस दिखाने लगतीं, सामने खड़ी होकर?

स्त्री : वही तो मेरी सेंसिटिविटी होती है।

पुरुष : उस वक़्त मैं समझाने लगूँ तो गरदन तानकर कहती हो, 'कोई और बात नहीं कर सकते तुम!'

स्त्री : वही तो। मैं अपनी सेंसिटिविटी को ज़रा भी उभर आने दूँ, तो बस...तुम्हारा ख़याल है, कैंसिल हो जाएगी मीटिंग?

पुरुष : कैसे कह सकता हूँ?—नहीं भी हो...हो भी जाए।

स्त्री : तुम खड़े रहो वहीं...कहा था, ठंड खा जाओगे।

पुरुष : हो गई कैंसिल...तो देखेंगे...।

खिड़की के पास से हट जाता है।

स्त्री : कैसा घर है! खिड़कियाँ ही खिड़कियाँ हैं...रोशनदान एक नहीं है।

पुरुष : *(रुककर)* वह दरार भरवा दी है तुमने?...बिस्तर के साथ की दीवार की?

स्त्री : *(कुछ तल्ख़ होकर)* देखते ही हो...मेरे पास फ़ुरसत कहाँ रहती है दिन-भर?

पुरुष : *(धीमे बड़बड़ाने के स्वर में)* चूहे सारी-सारी रात परेशान करते हैं। बिल्ली पाली थी इसलिए कि...।

स्त्री : तुमने पाली थी? तुम तो कहते थे कि...मैं उसे किचन और कमरों में घुसने भी देती हूँ?

पुरुष : क्या कहता था मैं?...आदमी इतना भी न चाहे कि उसे रात को ठीक से नींद आ जाया करे!

स्त्री : वह तो तुम अपने को बैलेंस कर पाओ, तब न!

पुरुष : (वितृष्णा के स्वर में) एक परेशानी हो तो आदमी बात करे।

स्त्री : तुम बैलेंस कर ही नहीं पाते अपने को कभी।

पुरुष : *(उसाँस के साथ)* हाँ...यही तो दिक़्क़त है।

स्त्री : जब पता है तुम्हें, तो करते क्यों नहीं हो कुछ इसके लिए?

पुरुष : *(बड़बड़ाने के स्वर में)* करता क्यों नहीं हूँ...इतना आसान है जैसे करना...!

स्त्री : आदमी चाहे तो ज़रूर कर सकता है...कुछ-न-कुछ...हाँ, चाहे तो...!

पुरुष पल-भर सीधी नज़र से उसे देखता रहता है, फिर आँखें हटाकर परास्त भाव से हाथ ज़ेबों में डाल लेता है।

पुरुष : कुछ-न-कुछ तो होगा ही...कभी हो।

अब स्त्री पल-भर उसे देखती रहती है। फिर उसके नज़दीक आ जाती है।

स्त्री : उस आदमी के प्रमोशन का अब बिलकुल कोई चांस नहीं?

पुरुष : नहीं।

स्त्री उसके पास से हटने लगती है, तो :

: अब अगले साल ही हो तो हो।

स्त्री : *(रुककर)* अगले साल तक जाने...पता नहीं क्यों तुम दफ़्तर के काम को भी इतना इमोशनली लेते हो?

पुरुष : मैं नहीं लेता...लेना पड़ता है मुझे!...न पाला होता यह सब झंझट सिर पर...।

स्त्री : तो किसने कहा था पालने को? अच्छा था...न घर बसाते...न नौकरी करते।

पुरुष निढाल-सा आराम-कुरसी पर बैठ जाता है।

पुरुष : जब अकेले थे, तो उस ज़िन्दगी से ऊबे हुए थे।

स्त्री : *(चुभते स्वर में)* और अब ऊबे हुए हो इस ज़िन्दगी से!

पुरुष : मैं तो समझता हूँ कि हर आदमी की अपनी अलग ज़िन्दगी होनी चाहिए...!

स्त्री : *(उसी स्वर में)* बिना घर-बार के?

पुरुष : *(स्वर को लटकाता हुआ)* नहीं...घर-बार भी हो...आदमी की अलग ज़िन्दगी भी हो।

स्त्री : कैसे

पुरुष : *(उसाँस के साथ)* यही तो पता नहीं।

स्त्री : तो कुछ सोचो न इसके लिए...सोचते क्यों नहीं हो?

पुरुष : लैट अस सी।

स्त्री : लैट अस सी! लैट अस सी से क्या होता है?

पुरुष : देखें कल से। दफ़्तर में ही इतना काम पड़ा है! उसी में मन लगाने लगूँ, तो और कुछ सोचने की फुरसत नहीं रहेगी। हो सकता है, उसी में मन खप जाए और...अच्छा देखो।

हलकी जम्हाई लेता है।

स्त्री : नींद आ रही है?

सामने बिस्तर पर बैठ जाती है।

पुरुष : नहीं...हालाँकि रात को ठीक से सोया नहीं था। तुम्हें आ रही हो, तो तुम सो जाओ।

स्त्री : मुझे तो खाना खाते ही नींद आने लगती है...मगर सो कैसे जाऊँ मैं?

पुरुष : क्यों?

स्त्री : तुम बात जो कर रहे हो। शायद कुछ तय हो जाए।

पुरुष : क्या तय हो जाए?

स्त्री : कुछ भी।

पुरुष : पहले मन था, सिनेमा देखने चलते।

स्त्री : वह तो कल भी मन था तुम्हारा। परसों भी था।

पुरुष : फिर सोचा कि नहीं...पहले घर से जाओ...फिर लौटकर आओ...।

स्त्री : कोई अच्छी फ़िल्म है ही नहीं।

पुरुष : ...बोरियत ही होगी।

स्त्री : सच कितनी बोर फ़िल्में आने लगी हैं आजकल! पर वह फ़िल्म ज़रूर देखेंगे—साउंड ऑफ़ म्यूज़िक।

पुरुष : कहाँ लगी है?

स्त्री : बहुत ही बढ़िया है वह...साल-हा-साल याद रहने वाली।

पुरुष : तुमने कब देखी है?

स्त्री : अभी आई नहीं है। मैंने कहीं पढ़ा था उसके बारे में।

पुरुष : मैंने आज उसके लिए सोचा था...।

स्त्री : कहाँ पढ़ा था, याद ही नहीं आ रहा।

पुरुष : वह जो है स्वी...क्या नाम है उसका...आई'ल टेक स्वीडन।

स्त्री : पता नहीं कैसी है? बोर ही होगी।

पुरुष : *(जम्हाई लेकर)* शायद कुछ देर मन बहल जाता।

स्त्री : तुम्हें मफ़लर दे दूँ?...मेरा तो मन और उदास हो जाता है। फ़िल्म देखकर। तुम्हारा नहीं होता?

पुरुष : नहीं, मफ़लर नहीं चाहिए...पहले मैं बहुत फ़िल्में देखता था।

स्त्री : मैं भी। पर पहले देखकर मन उदास नहीं होता था।

पुरुष : वह बात फिर आई थी दिमाग़ में...फिर ग़ायब हो गई।

पल-भर दोनों ख़ामोश रहते हैं।

स्त्री : ...तो फिर उसे ही रखना है अपने पास?

पुरुष : *(कुछ और सोचता हुआ)* किसे?

स्त्री : जिसके सफ़ेद चित्तियाँ हैं?

पुरुष : *(थोड़ा आगे झुककर)* ऐसा नहीं लगता कि जिन-जिन चीज़ों में खुशी मिला करती थी...पहले...अब उनमें से किसी चीज़ में खुशी रह ही नहीं गई?

स्त्री : मैंने तो सोच लिया है।

पुरुष : क्या?

स्त्री : कि यह सब ऐसे ही हैं, इसलिए साल-हा-साल इसी तरह काट देने हैं।

स्वर कुछ रुआँसा हो जाता है।

पुरुष : लगता है, हर चीज़ सिर्फ़ दोहराई जा रही है। जो जी चुके हैं, उसी को फिर से जी रहे हैं।...*(सहसा स्त्री के भाव के प्रति सचेत होकर)* इसमें रोने की क्या बात है?

स्त्री : मैं रो कहाँ रही हूँ? मैंने तय कर लिया है कि इसकी कभी शिकायत ही नहीं करनी है।

पुरुष : देखो...आगे चलकर शायद...।

स्त्री : मैंने सचमुच तय कर लिया है।

उँगली से आँसू पोंछ लेती है।

पुरुष : रो रही हो और कहती हो, रो नहीं रही...अरे, तो ज़िन्दगी कटती ही इस तरह से है! पर हम कहते...हैं...फिर भी... *(सोचता हुआ)* कोई ऐसी चीज़ ज़िन्दगी में होनी ज़रूर चाहिए जो...।

स्त्री पल्ले से मुँह साफ़ करके स्वस्थ हो जाती है।

स्त्री : क्या कह रहे थे तुम?

पुरुष : ...जो आदमी को रोज़-रोज़ एक नया उत्साह दे और...जो है, इसमें कुछ नहीं है।

स्त्री : मैंने तो तुमसे उस दिन ही कहा था।

पुरुष : आदमी रोज़-रोज़ उसी तरह जीता है, उसी तरह खाता-पीता है, उसी तरह बकता-झकता है, उसी तरह उदास होता है। कोई चीज़ हो जो...।

स्त्री : मैंने तो यह सोचना भी छोड़ दिया है।

पुरुष : ...जो आदमी को उलझाए रखे...उसे महसूस हो कि हाँ, यह कर लिया आज!

स्त्री : दिन-भर स्कूल में पढ़ाओ। फिर बाज़ार जाकर सब्ज़ियाँ लाओ। उठाकर लाते हुए बाँहें टूट जाती हैं। घर आकर खाना बनाओ। पर होता कुछ नहीं।

पुरुष : ख़ैर, तुम जो करती हो, उसका तो फिर भी कुछ अर्थ निकलता है...।

स्त्री : बाई द वे निकल आता हो, तो पता नहीं। हम तो इसलिए किए जाते हैं कि करना होता है। ऐसे ही उम्र काट देंगे।

पुरुष कुरसी से उठकर टहलने लगता है।

पुरुष : कोई भी चीज़ मन को उलझाती नहीं। उलझाती है, तो बस पाँच मिनट के लिए, दस मिनट के लिए, घंटे-भर के लिए। नहीं, घंटे-भर के लिए कोई चीज़ मन को नहीं उलझाती...।

स्त्री : रोज़ दो-दो घंटे तो बात करते रहते हो, और कहते हो कि...।

पुरुष : ...कोई चीज़ होल्ड नहीं करती। लगता है, कुछ होना था, नहीं हुआ। शायद कल होगा। पर वह कल होता ही नहीं। बात कुछ समझ में नहीं आती।

स्त्री : कल तो होता है—पर बात समझ में नहीं आती। कल तो अब आने वाला है। सोकर उठने तक आ जाएगा।

पुरुष : *(उसाँस के साथ)* यही तो दिक़्क़त है डार्लिंग, यही तो दिक़्क़त है।...फ़ाइलें पलट लो, चाय पी लो, बहस कर लो, किसी के ब्याह-शादी या मातम में चले जाओ, कोई पार्टी अटेंड कर लो...।

स्त्री : वह मेहता साहब की पार्टी अच्छी थी। खाना बहुत अच्छा बनाया था उनके ख़ानसामा ने। ख़ानसामा बहुत अच्छा है उनके पास। उस दिन की पार्टी में मैं हँसी भी बहुत थी। बहुत दिनों के बाद उस तरह हँसी आई थी। पता नहीं, क्यों?

पुरुष : ...कुछ भी कर लो, ख़ालीपन ज्यों-का-त्यों बना रहता है।

स्त्री : मैं तुमसे फिर कहती हूँ...तुम हो आओ वहाँ—सूरत!

पुरुष : ...एक मज़ाक-सा है जैसे...।

स्त्री : मज़ाक किस बात का? मैं समझी नहीं।

पुरुष : या एक धोखा कह लो...।

स्त्री : *(अपने हाथ को देखती हुई)* वह मिल जाती न—तो दो दिन में ठीक हो जाता...।

पुरुष : क्या?

स्त्री : मरहम...मिल ही नहीं रही...।

पुरुष : पहले आदमी सोचता है कि इसके अन्दर से कोई सार निकलेगा, निकलेगा...।

स्त्री : बस ज़रा-सी लगानी होती थी...दिन में दो बार...।

पुरुष : ...फिर सोचता है कि इसके अन्दर तो नहीं है, पर कहीं-न-कहीं ज़रूर होगा...।

स्त्री : ...क्या नाम था उसका...याद ही नहीं...।

पुरुष : ...उन चीज़ों में, उन लोगों में, जिन्हें वह नहीं जानता। पर जब उन्हें भी जाना जाता है...।

स्त्री : ...तुम्हें याद है, वह वहीं ली थी हमने...जब कहाँ गए थे...सूरत?

पुरुष : ...तो पता चलता है कि कहीं कुछ नहीं है...कहीं कुछ है ही नहीं।

स्त्री : और क्या? है ही नहीं।

पुरुष : तो ऐसे में क्या करे आदमी?

स्त्री : क्या करे?...बस जीता जाए!...अगर इस बार गए न सूरत...।

पुरुष : जीता जाए!...ओह!

स्त्री : ...तो याद से लेते आएँगे।

पुरुष : क्या?

स्त्री : मरहम।...उससे ठीक हो जाता है...नहीं तो ये सफ़ेद चित्तियाँ...।

पुरुष : *(उसाँस के साथ)* मुझे नहीं लगता, कभी कुछ भी ठीक हो सकता है।

ज़ेबों में हाथ डाले इधर-उधर देखने लगता है।

स्त्री : कुछ चाहिए तुम्हें?

पुरुष : हाँ...वह था न क्या...?

स्त्री : मेरे पास?

पुरुष : हाँ...नहीं...पता नहीं...पता नहीं, क्या आया था दिमाग़ में...!

स्त्री : तुम्हें दवाई दे दूँ, नहीं तो सारी रात फिर खाँसते रहोगे।

जाकर अलमारी से दवाई की शीशी और चम्मच ले आती है।

पुरुष : मेरे साथ हमेशा यही होता है।

स्त्री : *(दवाई चम्मच में डालकर उसे देती हुई)* क्या?

पुरुष : सोचने से पहले बात दिमाग़ में आती है, और सोचने-सोचने तक...।

दवाई खाकर सिर हिलाता है और उसे चम्मच लौटा देता है।

स्त्री : ज़रा वक़्त देख लेते।

पुरुष : क्यों?

स्त्री : ऐसे ही कहा है।

पुरुष : मेरा ख़याल है, ख़बरें ख़त्म हो गई होंगी।

स्त्री : कहीं और से आ रही हों शायद...तुम उस दिन क्या कह रहे थे?

पुरुष : किस दिन?

स्त्री : उस दिन जिस दिन...क्या बात हो रही थी उस दिन?...तुम कुछ कह रहे थे...पासपोर्ट के बारे में।

पुरुष : मैं कह रहा था? क्या कह रहा था?

स्त्री : *(अलमारी की तरफ़ जाती हुई)* कुछ कह रहे थे...*(अलमारी खोलती हुई)*...कि जाने क्या हो सकता है।...*(शीशी और चम्मच रखकर अलमारी बन्द करती हुई)*...अगर पासपोर्ट बन जाए तो...! *(लौटकर उसकी तरफ़ आती हुई)* कितने दिन लग जाते हैं पासपोर्ट बनने में?

पुरुष : *(जम्हाई लेकर)* लगता है, थोड़ी देर में नींद आ जाएगी।

स्त्री : सच, अगर आदमी कहीं विदेश ही चला जाए, तो...!

पुरुष : विदेश क्यों चला जाए? वहीं क्या रखा है?...झीलें, समुन्दर, सड़कें, लोग, होटल, तफ़रीहगाहें, बार, बिल्डिंगें...क्या है इन सब में?

स्त्री : वह तो मेच्योर हो गए हो न...इसलिए लगता है।

पुरुष : क्या कहा—मेच्योर?

स्त्री : और क्या? मैं भी तो मेच्योर हो गई हूँ।...पहले हम खुश रहते थे, आसपास के लोग भी हमें खुश लगते थे। अब लगता है कि आसपास के लोग भी दुखी हैं, हम भी दुखी हैं। और मेच्योरिटी क्या होती है?

पुरुष : *(व्यस्त भाव से)* सोचता हूँ, सुबह जल्दी उठ जाऊँ। दफ़्तर जाने से पहले कुछ काग़ज़ात देखने हैं।

स्त्री : जिन-जिन लोगों के लिए कहा करते हो कि वे मेच्योर हैं, बताओ उनमें कौन दुखी नहीं है?

पुरुष : ...काम बहुत पिछड़ता जा रहा है। *(पल-भर के लिए रुककर बाहर देखता हुआ)* तुम समझती हो, उन्हें यहाँ अन्दर आने देना चाहिए?

स्त्री : मुझे तो लगता है, यही सब-कुछ है।

पुरुष : क्या?

स्त्री : यही...दुखी रहना, सोचते रहना। इसके अगल-बगल, आज़ू-बाज़ू, और कुछ नहीं है...तुम किनके अन्दर आने की बात कर रहे थे?

पुरुष : बिल्ली के बच्चों की। मगर डर यही है कि कहीं...।

स्त्री : वे नहीं आएँगे अन्दर...देख लेना...अब तो आदत हो गई है उन्हें...वहीं बाहर रहने की...।

पुरुष : अभी सात-सात दिन के तो हुए नहीं, और...।

स्त्री : सात दिन थोड़े होते हैं?...बूढ़ा हो जाता है आदमी...सात दिन में...देखते नहीं, मेरे कितने बाल सफ़ेद हो गए हैं?

पुरुष : बाल सफ़ेद हो गए हैं?...तुम्हारे?

स्त्री : इसी तरह तो हुए हैं...सोच-सोचकर...सात साल में। सात साल और सात दिन में कितना फ़र्क़ है...कुछ भी नहीं।

पुरुष : अच्छा बताओ...रात को खिड़की का क्या करना है?

स्त्री : क्या करना है?

पुरुष : इसे खुली रखना है या...?

स्त्री : जैसे कहो। खुली रख लेंगे।...बन्द कर देंगे।

पुरुष : बन्द करने से गरमी लगेगी।

स्त्री : खुली रखने से ठंड लगेगी।

पुरुष : तो?

स्त्री : तो कुछ नहीं।...तुमसे कहा था, अपने लिए नई चप्पल ख़रीद लेते।

पुरुष : चप्पल? *(उसाँस के साथ)* हाँ, चप्पल ख़रीद लेंगे।

स्त्री : कुछ और भी तो ख़रीदना था तुम्हें।

पुरुष : क्या?

स्त्री : *(अपने हाथ पर खुजलाती हुई)* याद नहीं...कुछ ख़रीदना था।

पुरुष : तुम फिर खुजला रही हो।

स्त्री : क्या करूँ–वह तो है नहीं...।

पुरुष : क्या?

स्त्री : मरहम।

पुरुष : हाँ, और मिलेगी भी नहीं।...*(बिस्तर पर बैठता हुआ निढाल स्वर में)* हम तो थक गए।...तुम नहीं थकीं?

स्त्री : पता नहीं–मुझे तो पता ही नहीं चलता।

पुरुष : *(लेटने के लिए पाँव पसारता हुआ बीच में रुककर)* हाँ...याद आ गई वह बात...।

स्त्री : क्या?

पुरुष : कल सोने से पहले कुछ कहा था तुमने।

स्त्री : क्या कहा था?

पुरुष : कुछ कहा था...कि आज तुम्हें याद दिला दूँ।

स्त्री : पता नहीं क्या कहा था?...अब कल याद दिला देना...अगर याद आ जाए तो।

पुरुष : *(जम्हाई लेकर)* कितनी बातें होती हैं!

स्त्री : कौन-सी?

पुरुष : जो याद रखनी होती हैं।

स्त्री : बत्ती बुझा दूँ?

पुरुष : जैसे तुम चाहो।

स्त्री : मैं चाहूँ?...तुम्हीं को रोशनी में नींद नहीं आती।

पुरुष : वह तो अँधेरे में भी नहीं आती।

करवट बदल लेता है।

स्त्री : अब ठीक से सो जाना।

पुरुष मुँह में कुछ बोलता है जो सुनाई नहीं देता।

: और हाँ...एक चीज़ की याद दिला दोगे...कल?

पुरुष : *(खीझे हुए स्वर में)* किस चीज़ की?

स्त्री : दरार भरवाने की।

पुरुष : देखो...याद रहा तो।

स्त्री : तो अब ठीक से सो जाना।

पुरुष कोई उत्तर नहीं देता। वह पल-भर प्रतीक्षा करती है, फिर जाकर बत्ती बुझा देती है।

: नहीं कल फिर मुझसे कहोगे...।

पुरुष फिर भी कोई उत्तर नहीं देता।

: *(पास आकर उस पर झुकती हुई)*छपता नहीं, क्यों तुम इतना सोचते हो?...तुम्हारी तरह मैं भी तो हूँ।

पुरुष सिर्फ़ 'हूँ' कहकर बिस्तर पर थोड़ा एक तरफ़ को सरक जाता है।

: उसी तरह जीती हूँ, मगर हर वक़्त सोचती नहीं रहती।

पुरुष फिर 'हूँ' कहकर थोड़ा और सरक जाता है।

: *(थोड़ा और झुककर)* तुम्हारा मन हो, तो चाहे सचमुच चले जाना वहाँ—सूरत!

पुरुष : *(कुछ अधीर स्वर में)* तुम्हें सोना नहीं है?

स्त्री : *(उसी तरह झुके-झुके एक हाथ से रज़ाई खोलती हुई)* अच्छा... कल फिर बात करेंगे...देखो शायद...।

रज़ाई पूरी खुलने तक पुरुष करवट बदलकर मुँह उसकी तरफ़ कर लेता है। अँधेरा गहरा हो जाता है और बाहर से बिल्ली के बच्चों की हलकी 'म्याऊँ-म्याऊँ' सुनाई देने लगती है।

बीज-नाटक

हं: !

पात्र

पपा

ममा

जमशेद

...और बीतता समय।

बम्बई में 'माउंट मेरी हिल' के एक बँगले की ऊपरी मंज़िल। पुराने ढंग के साज़-सामान से लदा एक बड़ा-सा कमरा। टूटी हुई डाइनिंग टेबल के इर्द-गिर्द अलग-अलग तरह की तीन कुरसियाँ। ड्रेसिंग टेबल पर दवाई की शीशियाँ, जूठी प्यालियाँ और हर तरह की चीज़ें। साथ-साथ लगे तीनों ऊँचे कबर्ड इस तरह से बन्द जैसे एक मुद्दत से उन्हें खोला ही न गया हो। कमरे के बीचोंबीच खिड़की से सटे एक बड़े पलंग पर चादर ओढ़े पपा। पास की कुरसी पर आँखें मूँदे ममा। खिड़की के बाहर सरसराते पेड़। दूर समुद्र की लहरों की हलकी आवाज़। पपा करवट बदलने की कोशिश में हलके से कराहता है।

ममा : *(नींद के झोंके से आँखें खोलकर)* क्या बात है, पपा?...क्या बात है, पपा डार्लिंग?

पपा आँखें झपकाता हुआ चुपचाप सामने देखता रहता है।

: *(उसाँस के साथ)* मेरा ख़याल है...मुझे वह ले ही जाना चाहिए।

पपा : *(हलके से सिर उसकी तरफ़ मोड़कर)* आज क्या है?

ममा : आज?...कुछ भी तो नहीं है आज।

पपा : पन्द्रह नवम्बर?

ममा : सोलह। पन्द्रह कल थी। तुम्हें तो कल और आज के फ़र्क़ का पता ही नहीं चलता।

पपा : पिछले साल...*(फिर करवट बदलने की कोशिश में कराहकर)* पन्द्रह नवम्बर को...*(कोशिश से हारकर)* मैं चल-फिर सकता था।

ममा : *(कुरसी से उठती हुई)* मैं जमशेद से कह दूँ, तुम्हारे लिए चाय ले आए।

पपा : *(हलकी मुसकराहट के साथ)* तुमने हाथ पकड़कर मुझे पूरा

कमरा पार कराया था!...तुम्हें याद है?

ममा : *(दरवाज़े के पास से)* जमशेद!...पपा उठ गए हैं, इनके लिए चाय ले आओ।

पपा की तरफ़ लौट आती है।

पपा : नहीं याद?

ममा : याद क्यों नहीं है? मैं उस दिन तुम्हारा हाथ न पकड़े रहती तो...।

पपा : सिर्फ़ साल-भर पहले की बात है। कितनी जल्द बीता है यह साल! *(पल-भर दर्द से आँखें मींचे रहने के बाद)* तुम्हें नहीं लगता?

ममा : *(फिर कुरसी पर बैठती हुई)* कुछ देर और सोए रहते तो अच्छा था।

पपा : नहीं लगता तुम्हें?

ममा : यह डॉक्टर बैनर्जी भी डॉक्टर भाटिया जैसा ही है। कहता था, नई दवाई से अच्छी नींद आ जाया करेगी। मगर तुम्हारी नींद का तो अब भी वही हाल है जो...।

पपा : उस दिन की वह बात भी याद है तुम्हें?

आँखों में हलकी चमक भर जाती है।

ममा : किस दिन की?

पपा : पिछले साल...पन्द्रह नवम्बर की?

ममा : *(दिखावटी ग़ुस्से के साथ)* पपा...अब देखो तुम...।

पपा सूखी-सी हँसी हँसता है जो उसके गले के अन्दर ही घुटी रह जाती है।

पपा : उस दिन क्या कहा था तुमने मुझे!...गुंडा...गुंडा कहा था न?

ममा : गुंडा नहीं, लुच्चा...और वह मैं अब भी कहती हूँ। तुम्हारा आज भी बस चले, तो तुम...।

पपा अपनी हँसी के बीच दर्द के मारे 'ओह, ओह' कर उठता है।

पपा : यह हरामज़ादा पलंग! यह मेरी जान लेकर रहेगा।

ममा : आज भी बाज़ न आओ।

पपा : मेरा जनाज़ा निकलेगा इस पर। देख लेना तुम।

ममा : इतनी तबीयत ख़राब थी तुम्हारी उस दिन, फिर भी तुमने... *(सिर हिलाकर)* हद ही कर दी थी।

पपा : सारे स्प्रिंग ढीले हो गए हैं इसके। ज़रा-सा हिलते ही बदन के सब फफोल दुख जाते हैं। फिर भी...।

ममा : इस तरह काटा था मेरे होंठ पर कि...।

अपने निचले होंठ को ज़बान से इस तरह सहलाती है जैसे उस पर अभी-अभी काटा गया हो। पपा की आँखों में फिर चमक भर जाती है।

पपा : वह तो मैंने छोड़ दिया था तुम्हें, नहीं तो...।

फिर दर्द से कराह उठता है।

ममा : *(दरवाज़े की तरफ़ देखकर)* पता नहीं, जमशेद उधर है भी या नहीं?

पपा : *(दर्द पर क़ाबू पाकर)*...नहीं तो उस दिन तो मैंने सोचा था कि...।

ममा : कितनी बार कहती हूँ इससे कि बाहर जाया करे, तो पाँच बजे तक लौट आया कर। पर यहाँ जब और कोई मेरी बात नहीं सुनता, तो वही क्यों सुनेगा?

पपा : *(करवट बदलने की कोशिश में)* ओह!

ममा : मुझे कोई तरीक़ा ही नहीं सूझता जिससे...*(पपा को दर्द से गुमसुम देखकर)* पपा!

पपा शिकायत-भरी नज़र से उसे देखता चुप रहता है।

: *(दुलारने के स्वर में)* देखो, अगर रिशी आ गया आज न, तो मैं ज़रूर ले आऊँगी तुम्हारे लिए जाकर...सर्जिकल बेड।

पपा मुँह में कुछ बड़बड़ाकर आँखें झपकाने लगता है।

: एक तो इतना पैसा माँगते हैं ये लोग ज़रा-सी चीज़ का!

पपा : *(भौंहें सिकोड़कर)* हंः!

ममा : सौ रुपया एडवांस...चालीस रुपया निकलवाकर लाने का...और पचास रुपया पहले महीने का भाड़ा...कुल...।

पपा : एक सौ नब्बे रुपया। दस कम दो सौ। तुम इतनी ही बार गिन चुकी हो।

ममा : ख़ैर, वह बेड आ जाए तो तुम ढीले स्प्रिंगों से तो बच ही जाओगे और...।

पपा : इस गिनती से भी।

ममा : पपा!

पपा : बचपन में यह गिनती मुझे इस तरह याद नहीं थी जिस तरह अब याद है। सौ जमा चालीस, एक सौ चालीस। एक सौ चालीस जमा पचास...।

ममा : पपा!

पपा : मैं इसे उलटा भी गिन सकता हूँ। एक सौ नब्बे में से पचास कम करो, एक सौ चालीस। एक सौ चालीस में से चालीस कम करो...।

ममा : *(अधीर होकर)* पपा!

पपा : मुझे मज़ा आता है गिनने में। तुम्हें भी आता है। नहीं?

ममा : हाँ, आता है मुझे भी। मेरे पास रखा है न सौ-पचास हज़ार... तुम्हारा दिया हुआ...जो मैं...। *(बाहर लकड़ी के ज़ीने से ऊपर आते क़दमों की आवाज़)* देखो, जमशेद अब आया है लौटकर।

पपा : *(आँखें घुमाकर खिड़की से बाहर देखने की कोशिश करता हुआ)* यह डाक का वक़्त नहीं है? शाम की डाक इस वक़्त नहीं आती?

ममा : *(उठती हुई)* इसे बीड़ी पीने के लिए भी रोज़ दो घंटे चाहिए। इतना भी ख़याल नहीं कि पपा की तबीयत इतनी ख़राब है और...।

बाहर चली जाती है। पपा मुँह से कुछ इस तरह की आवाज़ें पैदा करता है जैसे क्लास-रूम से मास्टर थोड़ी देर के लिए बाहर चला गया हो।

पपा : *(साँस भरकर)* एक साँस छोटी। *(फिर दूसरी साँस भरकर)* एक साँस बड़ी।

'बड़ी' कहते-कहते शरीर दुख जाता है और वह 'ओह, ओह' कर उठता है। दर्द बैठ जाए, इसके लिए पल-भर अपने को बिलकुल सीधा किए रहता है। फिर तकिए का सहारा लेकर आहिस्ता से थोड़ा ऊँचा उठने की कोशिश करता है। ममा लौट आती है। बाहर ज़ीने में कोई नीचे उतर जाता है।

ममा : *(घबराकर उसकी तरफ़ आती हुई)* यह क्या...नीचे लुढ़कने का इरादा है क्या?

पपा उसे आते देखकर अपने को जहाँ-का-तहाँ रोक लेता है।

पपा : डाक आई है?

ममा : *(बड़बड़ाती हुई)* इसीलिए मैं इस आदमी को एक मिनट के लिए भी अकेला छोड़कर नहीं जाती। अगर कहीं मुझे घंटे-दो-घंटे के लिए जाना पड़ जाए घर से, तो पता नहीं यह क्या कहर ढहा दे उस बीच!

सहारा देकर उसे फिर पहले की तरह लिटा देती है।

पपा : किसकी चिट्ठी है?

ममा : चिट्ठी है तुम्हारे उसकी...जो तुम्हें रोज़ चिट्ठी लिखता है।

पपा : हं:!

ममा : हं:!...हद होती है लापरवाही की भी।

पपा : हं:!

आँखें दूसरी तरफ़ हटाकर जैसे किसी अदृश्य व्यक्ति से आँखों से बात करता है।

ममा : महीने-भर से किसी ने ख़बर भी नहीं पूछी! कहने को सगा बेटा है, सगी बेटियाँ हैं।

पपा : *(जैसे अन्दर का ग़ुबार निकालता हुआ)* अ-अ-अ-अ-अ-अ-अ-अ-अ,...ह-ह-ह-ह-ह-ह-ह-ह-ह-ह।

ममा हलकी त्योरी के साथ उसकी तरफ़ देखकर ड्रेसिंग टेबल के पास चली जाती है, और वहाँ से जूठी प्यालियाँ उठाने लगती है।

ममा : मैं ख़ुद जा रही हूँ चाय बनाने। जमशेद अब तक भी लौटकर नहीं आया। ऐसा हरामख़ोर आदमी है यह...।

पपा : हुश्-हुश्-हुश्-हुश्-हुश्-हुश्-हुश्-हुश्-हुश्।

ममा : सुबह की जूठी प्यालियाँ अब तक नहीं धोईं इसने। जैसा मालिक है इस घर का, वैसा ही नौकर भी है। इसके तो सब काम मुझे करने ही होते हैं, उसके भी सब काम मुझी को करने पड़ते हैं।

पपा : फु:-फु:-फू:-फू:-फु:-फु:-फू:-फू:।

ममा बड़बड़ाती हुई प्यालियाँ लिये बाहर को चल देती है। पलंग के पास से गुज़रते हुए प्यालियाँ उसके हाथ से गिरने को हो जाती हैं और उन्हें सँभालने की कोशिश में एक चिट्ठी उसकी काँछ से नीचे फ़र्श पर गिर पड़ती है। वह पैर से चिट्ठी को पलंग के नीचे सरकाकर

जाते-जाते पपा को देख लेती है कि नज़र गिरती चिट्ठी पर पड़ तो नहीं गई। पपा उसके दरवाज़े से बाहर होने तक आँखें सामने कबर्ड पर स्थिर किए रहता है। फिर होंठ गोल करके मुँह से 'हूऽ-हूऽ-हूऽ' आवाज़ निकालता है।

पपा : *(साँस भरकर)* एक साँस छोटी। एक साँस...।

पर 'बड़ी' कहने से पहले ही उसका शरीर दुख जाता है। दर्द पर क़ाबू पाने के बाद वह पल-भर आहट लेने के लिए रुकता है, फिर जिस तरफ़ चिट्ठी पड़ी है, उस तरफ़ को करवट बदलने की कोशिश करने लगता है। इस कोशिश में उसकी पट्टियों से बँधी दुबली बाँहें चादर से बाहर निकल आती हैं। सीधे से करवट नहीं बदली जाती, तो वह हाथों से पहले एक और फिर दूसरी टाँग का रुख बदलता है। फिर बाँह लम्बी करके किसी तरह नीचे चिट्ठी तक हाथ पहुँचाने की कोशिश करता है। उसका हाथ फ़र्श तक पहुँच तो जाता है, पर इस बीच शरीर इतना दुख जाता है कि वह उसी स्थिति में निढाल होकर 'ओह, ओह' करने लगता है। बाहर ज़ीने से फिर ऊपर आते क़दमों की आहट सुनाई देती है—इस बार पहले से भारी। जमशेद अपने भारी जूतों से लकड़ी के फ़र्श पर आवाज़ करता कमरे के अन्दर आ जाता है।

जमशेद : वह नहीं मिली जी...।

पपा : ओह!

जमशेद : ...गरम पानी की बोतल। वे कहते हैं, उनके यहाँ भी नहीं है।

पपा : ओह! ओह!

ममा तमतमाई हुई बाहर से आती है।

ममा : *(दहलीज़ लाँघते ही जमशेद से)* कल परसों से एक घंटा लेट...आज एक घंटा लेट कल से...इसका मतलब है कि दो-तीन दिन में तेरी सूरत ही दिखाई देनी बन्द हो जाएगी। अगर इतना ख़याल नहीं तुझे पपा के आराम का तो...*(अचानक पपा को बिस्तर पर औंधा देखकर)* पपा!...यह क्या कर रहे हो तुम?

पपा : *(अपना लटका हुआ हाथ ऊपर उठाता हुआ)* आराम।

ममा : *(पास जाकर उसे सीधा लिटाती हुई)* तुम कभी चैन नहीं लेने दोगे मुझे पल-भर भी। एक मिनट के लिए अकेला छोड़कर गई थी और...*(जमशेद से)* तुझसे इतना भी नहीं हुआ कि पास आकर पपा को सीधा लिटा ही देता? *(अपने से)* बस सीधे से उलटा होना आता है इस आदमी को...उलटे से सीधा होना नहीं आता। *(पपा की बाँहें पहले की तरह चादर से ढँकती हुई जमशेद से)* तू अब भी खड़ा क्यों है? क्या अभी पपा की चाय का वक़्त नहीं हुआ?

जमशेद : वह नहीं मिली।

ममा : पानी मैंने स्टोव पर रख दिया है। अभी उबल जाता है, तो...क्या नहीं मिली?

जमशेद : गरम पानी की बोतल। पावरी साहब का कहना है कि...।

ममा : मुझे पता है, उनका क्या कहना है। दो दिन यहाँ रहने से सूराख़ नहीं पड़ जाएँगे उनकी बोतल में?...चीनी नीचे के मर्तबान में है, प्लास्टिक वाले में...मैं गुलशन से कहूँगी, वह मुझे नई बोतल ला देगी ख़रीदकर।...तुम चीनी छोटी कटोरी में निकालना और वही ट्रे में रखकर ले आना। कुल इतनी-सी ही बची है और अभी चौदह दिन निकालने हैं।...मुझसे कितनी-कितनी चीज़ें माँगकर ले जाते हैं और आज मैंने एक चीज़ मँगा भेजी तो...*(अचानक गुस्से में भरकर जमशेद से)* तू अब जाता क्यों नहीं है? मैंने कहा नहीं है तुझसे चाय लाने के लिए?

जमशेद पल-भर चुप खड़ा सीधी नज़र से उसे देखता रहता है। फिर जैसे ज़बान पर आए शब्दों को रोककर बाहर चला जाता है।

: कैसे देखता है मुझे!...*(पपा से)* तुमने देखा है, यह कैसे देखता है मुझे?

पपा : कम-से-कम देखता तो है तुम्हें। मुझे तो देखता ही नहीं।

ममा : अगर जहाँगीर होता न यहाँ, और इसे इस तरह देखते देख लेता...।

पपा : चिट्ठी किसकी है? जहाँगीर की?

ममा : *(सतक)* कौन-सी चिट्ठी?

पपा : तुमने पढ़ी नहीं?

ममा : *(हठ के साथ)* कौन-सी चिट्ठी?

पपा उसकी तरफ़ देखकर वही गले में घुटी हुई हँसी हँसता है।

पपा : वही...जो नहीं आई।

ममा : तो तुम समझते हो कि...।

पपा : उठा लो नीचे से। मैं नहीं देखूँगा।

ममा परास्त भाव से कुरसी पर बैठ जाती है।

ममा : वह चिट्ठी नहीं है।

पपा : जो भी है...पढ़ लो।

ममा : पढ़ ली है मैंने।

पपा : क्या लिखा है?

ममा : *(सतर्क)* किसने?

पपा : जहाँगीर ने।

ममा : वह जहाँगीर की चिट्ठी नहीं है।

पपा : वही बात लिखी होगी उसने...।

ममा : *(उत्तेजित)* मैंने कहा है न, जहाँगीर की चिट्ठी नहीं है!

पपा : ...कि पपा को वेलफ़ेयर होम में भेज दो...यही लिखा होगा। फिर से।

ममा : *(क्रोध के साथ)* मैंने कहा है न तुमसे कि...?

पपा : हर बार यही लिखता है वह। पिछले छह महीने से हर चिट्ठी में उसने यही लिखा है।

ममा : देखो, पपा...!

पपा : पपा अब कूड़ा हो गया है। इसे डस्टबिन में फेंक देना चाहिए!

ममा : तुम्हें शरम नहीं आती, अपने बेटे के बारे में ऐसी बात कहते?

पपा : मुझे शरम नहीं आती?...बहुत शरम आती है मुझे।

ममा : उस बेचारे ने तो सिर्फ़ इतना लिखा था कि...।

पपा : वेलफ़ेयर होम में पपा को घर से ज़्यादा आराम मिल सकता है। पपा एक बूढ़ा पारसी है और बूढ़े पारसियों के लिए...।

ममा : उसका यह मतलब बिलकुल नहीं था।

पपा : उसका जो मतलब था...*(दर्द से कराहकर)* वह भी अच्छी तरह मालूम है मुझे।

पल-भर दोनों चुप रहकर सामने देखते रहते हैं!

ममा : आजकल कुछ ज़्यादा ही सिड़ी हो गए हो तुम।

पपा : हंः!

ममा : मुझे बिलकुल पसन्द नहीं...तुम्हारा यह 'हंः, हंः' करना।

पपा : हंः!

ममा नाराज़गी से उसे देखती हुई कुरसी से उठ खड़ी होती है। पल-भर कुछ सोचती खड़ी रहती है; फिर झुककर पलंग के नीचे से चिट्ठी उठा लेती है।

ममा : देख लो, देखनी है तो...।

पपा देखकर आँखें मूँद लेता है।

पपा : रख दो, मुझे नहीं देखनी है।

ममा : अब देख लिया है कि जहाँगीर की चिट्ठी नहीं है...इसलिए तुम्हें नहीं देखनी है।

पपा : जिस किसी की भी हो...मुझे नहीं देखनी है।

ममा : जिस किसी की भी हो! *(चिट्ठी पास की तिपाई पर पटकती हुई)* अच्छा ही है न देखो तो। मैं जो कोशिश करती हूँ कि ऐसी चिट्ठियों पर तुम्हारी नज़र न पड़े, वह इसीलिए न कि...?

पपा मुँह में कुछ बड़बड़ाता है। जमशेद चाय की ट्रे लिए हुए बाहर से आता है।

: *(जमशेद से)* कितनी बार कहा है तुझसे...कितनी बार...कि धीमे पैरों अन्दर आया कर। पपा को इस खट्-खट् से चाहे कितनी तकलीफ़ पहुँचती रहे...तुझे तो बात सुननी ही नहीं है।

जमशेद : *(ट्रे तिपाई पर रखता हुआ)* वे लोग नहीं आएँगे...आज शाम को।

पपा : कौन लोग?

ममा : तू होकर आया है उनके यहाँ?

जमशेद : कह रहे थे, उन्हें आज कहीं जाना है...किसी और दिन आएँगे।

पपा : कौन लोग?

ममा : *(खीझ के साथ)* तूने कहा ही नहीं होगा ठीक से उनसे...कि मैंने ज़रूरी बुलाया है उन्हें।

जमशेद : और पता नहीं कैसे कहना था!...पूरा दरवाज़ा तक तो खोला नहीं उन्होंने।

ममा : दोनों घर पर थे?

पपा : कौन लोग?

जमशेद : दोनों ही थे।

ममा : *(पपा से)* रोमा-रिशी।

जमशेद : दरवाज़ा रोमा-बीबी ने खोला था। रिशी बाबू पीछे से आए थे।

ममा : *(सोचती हुई)* एक बार फिर हो आना उनके यहाँ...अभी थोड़ी देर में। कहना कि अब नहीं तो...रात को किसी वक़्त चक्कर लगा जाएँ यहाँ।

जमशेद बिना कुछ कहे उसी तरह ठक्-ठक् करता वापस जाने लगता है।

: तूने सुन ली है न बात?

जमशेद : *(जाते-जाते)* वे होंगे ही नहीं वहाँ...कहने किससे जाऊँगा?

चला जाता है।

ममा : *(हताश)* तुम देख रहे हो न इसे, पपा...?

पपा : उनका बच्चा अब कैसा लगता है?

ममा : पहले थोड़ी बात सुन भी लेता था, अब तो...।

पपा : काफ़ी बड़ा हो गया होगा...साल-भर का! एक ही बार लाए थे वे उसे...कितने दिन हो गए?

ममा : मन होता है...आज ही पूरी पगार देकर इसकी...दोनों-तीनों महीने की...अलग कर दूँ नौकरी से इसे।

पपा : तब तो पूरे आठ महीने का था, साल का भी नहीं।...फिर भी कितना गलगोदना लगता था!

ममा : *(और खीझकर)* तुम भी मेरी बात नहीं सुनते न?

पपा : हाँ...कर दो अलग उसे नौकरी से। तीन महीने की कितनी पगार बनती है? चालीस जमा चालीस जमा चालीस...एक सौ बीस। एक सौ नब्बे और एक सौ बीस...?

ममा : पपा!

पपा : एक स्लेट-पेंसिल ला दो मुझे। मैं सारा दिन ये रक़में लिख-लिखकर...।

ममा : देखो पपा, तुम मुझसे इस तरह की बातें करोगे, तो मैं भी...।

कहते-कहते रुककर पपा की तरफ़ देखती है। पपा की आँखें पल-भर उससे मिली रहती हैं, फिर दूसरी तरफ़ हट जाती हैं।

: *(नरम पड़कर)* तुम क्यों फ़िक्र करते हो इन चीज़ों की? मैं जैसे हुआ है, अब तक चलाती ही आई हूँ।

पपा : हंः!

ममा : तुम्हें कभी पता भी न चलने दिया...कि कैसे करती हूँ, कहाँ से करती हूँ।

पपा : हंः!

ममा : *(कुढ़कर)* फिर तुम्हारी वही 'हंः'?

पपा : चाय।

ममा : *(रुआँसी)* कोई और होता न मेरी जगह...!

पपा : बना लो, ठंडी हो जाएगी।

ममा : ...तो कब का पागल हो जाता।

पल्ले से आँखें पोंछती हुई चाय बनाने लगती है।

पपा : *(करवट बदलने की कोशिश में)* ओह!

ममा : पता है, तुम कब से बिस्तर पर पड़े हो?

पपा : ओह! ओह!

ममा : पूरे दो साल से...बल्कि दो साल दो महीने से।

पपा : बल्कि दो साल...दो महीने...बीस दिन से।...ओह!

ममा : तब से अब तक कैसे होता रहा है सब-कुछ?...बिना तुम्हारी स्लेट-पेंसिल के?

पपा : *(होंठों पर बह आए लार को सँभालता हुआ)* रुमाल।

ममा : *(उत्तेजित)* कौन मुझे महीना भेजता रहा है? कौन मुझसे पूछने आता रहा है कि ममा, कैसे करती हो तुम सब-कुछ?

पपा : उमाल! उमाल!

ममा उठकर ड्रेसिंग टेबल की दराज़ से एक रुमाल निकाल लाती है।

ममा : बेटा लन्दन में है...तीन साल हो गए उसकी शक्ल देखे। बेटियाँ कहने को शहर में हैं...पर महीना-महीना-भर उनकी भी शक्ल नज़र नहीं आती। और जो लोग पहले मिलने आ जाते थे उनमें से भी अब कोई नहीं आता। *(रुमाल से पपा का मुँह पोंछती हुई)* जैसे डर लगता है हर एक को कि...।

पपा : *(रुमाल के नीचे से मुँह हटाने की कोशिश में)* चाय।

ममा फिर भी कुछ देर रुमाल से उसका मुँह पोंछती रहती है।

: और नहीं, बस!...चाय।

बाहर जीने से उतरते पैरों की आवाज़ सुनाई देती है।

ममा : *(चमककर)* यह फिर जा रहा है नीचे...फिर जा रहा है नीचे यह!

अब तो कहीं जाने के लिए...इसे पूछना भी नहीं होता किसी से...बताना भी नहीं होता किसी को कुछ।

पपा : अ-अ-अ-अ-अ! ह-ह-ह-ह-ह!

ममा : जब चाहे जहाँ चला जाए। जब चाहे जहाँ से लौट आए।

पपा जैसे विरोध करने के लिए बाँहें चादर से निकालकर ऊँचा उठने की कोशिश करता है।

पपा : हुश्–हुश्–हुश्!

ममा : *(और चमककर)* उठ जाओ तुम अपने-आप...दो साल से तो मैं उठाती रही हूँ, आज अपने-आप उठ जाओ।

कन्धों से सहारा देकर पपा को हलके झटके से ऊँचा उठा देती है, फिर तकिये पीठ-पीछे रखकर उनसे टेक लगवा देती है। पपा आँखें झपकता हुआ चाय की प्याली पकड़ने के लिए हाथ ऊँचा कर लेता है।

पपा : लाओ, दो।

ममा मुँह से कुछ न कहकर जैसे आँखों से बड़बड़ाती हुई प्याली में चीनी हिलाती रहती है। पपा कुछ देर हाथ ऊँचा रखने के बाद ख़ामोश झुँझलाहट के साथ उसे नीचे गिर जाने देता है। ममा तब चाय की प्याली उसकी तरफ़ बढ़ा देती है।

ममा : *(अधीर)* ले लो न अब।

पपा : मुझे नहीं चाहिए।

ममा पल-भर रुककर उसे देखती रहती है।

ममा : नहीं चाहिए तो...।

ग़ुस्से से प्याली तिपाई पर रखने लगती है। पपा गाली-देती नज़र से उसे देखता हुआ फिर हाथ ऊँचा कर लेता है।

पपा : लाओ, दे दो।

ममा : *(प्याली उसे देती हुई)* तुम तो जैसे...आदमी नहीं हो तुम।

पपा : हो ही नहीं सकता। *(चाय का एक घूँट भरकर)* आदमी, होता तो...।

ममा : कुछ तो ख़याल होता तुम्हें दूसरे का।...ज़्यादा कड़वी तो नहीं है?

पपा : *(सिर हिलाकर)* नहीं...ठंडी और फीकी है।

ममा : चीनी और चाहिए?

पपा : नहीं पत्ती और चाहिए।

ममा : *(एकदम झुँझलाकर)* पत्ती और चाहिए?...कितनी पत्ती चाहिए तुम्हें एक प्याली में?

पपा : सात-आठ...कम-से-कम।

ममा बौखलाई नज़र से उसे देखती हुई अपना माथा हाथ से दबा लेती है।

ममा : मुझसे अब नहीं होता, पपा...अब नहीं होता मुझसे।...मेरे सिर में आजकल इतना दर्द रहता है कि...।

पपा : घर में एस्परीन नहीं है?

ममा हताशा के चरम पर पहुँचकर पल-भर उसे देखती रहती है, फिर आवेश के साथ कुरसी से उठ पड़ती है।

ममा : है...सब-कुछ है घर में...क्या है जो नहीं है?

पपा : दवाइयाँ तो सब तरह की हैं...जाने कहाँ-कहाँ भर रखी हैं तुमने!

ममा : हाँ, भर रखी हैं।
और भी देख लो, क्या-क्या भर रखा है!

ड्रेसिंग टेबल के पास जाकर उसकी दराज़ें खोलने लगती है और एक-एक दराज़ का सामान बाहर दिखाकर उसे झटके के साथ बन्द करती है। पपा इस बीच चुपचाप उसे देखता हुआ चाय के हलके-हलके घूँट भरता रहता है।

: पुराने चीथड़े...जिन्हें धो-धोकर तुम्हारी पट्टियाँ बदली जाती हैं। *(ठक्!)*...डब्बियाँ और बोतलें...तुम्हारी दवाइयों की...जो अब किसी काम नहीं आतीं। *(ठक्!)*...रद्दी अख़बार और मैगज़ीन...जो कभी तुम पढ़ने के लिए माँग लेते हो। *(ठक्!)*... और...*(पल-भर रुककर उस दराज़ में से उलझी हुई चिट्ठियों को हाथ में लेती हुई)* चिट्ठियाँ जो मैं तुम्हें पढ़ने के लिए नहीं देती...क्योंकि पढ़ने के बाद तीन-तीन रातें कराहते रहते हो...न खुद सोते हो, न मुझे सोने देते हो।

उस दराज़ को खुला छोड़कर कबर्ड्ज की तरफ़ आ जाती है।

: लो, इन्हें भी देख लो।

एक-एक करके तीनों कबर्ड खोल देती है। पहले दोनों

कबर्ड बिलकुल ख़ाली हैं। तीसरे के निचले हिस्से में थोड़ी क्रॉकरी रखी है।

: लो...लो...लो।...यह थोड़ी क्रॉकरी इसलिए है कि कभी कोई तुमसे मिलने चला आता है तो...*(थूक निगलकर)* देख लिया, क्या नहीं है घर में?

हाँफती हुई तीनों कबर्ड खुले छोड़कर डाइनिंग टेबल के पास एक कुरसी पर जा बैठती है और कुहनियाँ मेज़ पर फैलाकर हाथ बालों में उलझा लेती है। पपा की प्याली ख़ाली हो गई है। उसे समझ नहीं आता कि ख़ाली प्याली का क्या करे, उसे कहाँ रखे?

पपा : लिखती होगी उसे भी यही सब...तभी वह लिखता है हर चिट्ठी में...!

प्याली कहाँ रखे, कुछ समझ नहीं आता, तो ग़ुस्से के मारे पैरों से चादर हटा देता है। पैरों पर भी ऊपर तक पट्टियाँ बँधी हैं। चादर हटाने के झटके में हाथ की प्याली उससे सँभल नहीं पाती और नीचे गिरकर टूट जाती है। ममा प्याली टूटने के साथ ही सिर उठाती है और हारी नज़र से देखती हुई उसकी तरफ़ बढ़ जाती है।

ममा : एक और प्याली तोड़ दी?

पपा अब हाथ के सॉसर को कहीं रख पाने की कोशिश में व्यस्त रहता है। इस कोशिश में उसका एक पैर पलंग से नीचे लटक जाता है। वह सिर्फ़ मुँह में कुछ बड़बड़ाकर रह जाता है।

: *(पपा की स्थिति के प्रति सचेत होकर)*...पपा! पपा! पपा! नीचे गिरकर किस चीज़ का बदला लेना चाहते हो मुझसे?

उसके हाथ से सॉसर लेकर तिपाई पर रख देती है और उसका पैर ऊपर उठाकर पहले की तरह उसे चादर से ढँक देती है।

पपा : *(ऊपर से हलका विरोध करता हुआ भी उसके हाथों में आत्मसमर्पण करके)* फूः-फूः-फूः!

ममा : *(आदेश के स्वर में)* अब लेट जाओ ठीक से!

उसे लिटाने के लिए तकिये ठीक करने लगती है, मगर पपा जैसे और प्रभावोत्पादक ढंग से विरोध करने के

लिए थोड़ा आगे को झुक जाता है।

पपा : *(दर्द से कराहकर)* ओह!

ममा : *(हताश)* लेटोगे नहीं?

पपा : *(मना करने के ढंग से सिर हिलाकर)* ओह!

ममा : कितनी देर और मेरी जान को धुनोगे...इस तरह बैठे-बैठे?

पपा : ओ-ओ-ओ-ओ-ओ-ओ-ओ-ओ-ओह!

ममा एक चुभती नज़र उस पर डालकर टूटी हुई प्याली के टुकड़े बीनने लगती है।

ममा : बैठे रहो मेरी तरफ़ से...एक प्याली और तोड़ दी!

पपा : *(डाँटने के स्वर में)* ओह! ओह! ओह!

ममा : कितनी टूटी प्यालियाँ उधर पड़ी हैं...किचन में...।

पपा : *(बड़बड़ाता हुआ)* कितना कुछ किया इनके लिए...क्या हुआ?

ममा : ...ढेर-का-ढेर कि किसी दिन ड्यूराफ़िक्स से जोड़ लूँगी...।

पपा : और करता रहता, करता रहता...तो भी क्या हो जाता?

ममा : अब यह कूड़ा ले जाकर और भर दूँगी वहाँ।

पपा : *(अपनी बैठने की स्थिति से परेशान किसी तरह टेक लगा सकने की कोशिश में)* यही सब होता फिर भी...इसी तरह...।

ममा : *(हाथ जोड़कर)* क्या कह रहे हो तुम?

पपा : कह रहा हूँ!...कुछ बाक़ी भी है कहने को?

ममा : *(फिर से व्यस्त होती हुई)* बाक़ी तो जाने क्या-क्या है...किस-किसका...किस-किससे कहने को!

पपा : किस-किसका किस-किस से कहने को...अभी बाक़ी है इनका!

ममा : नहीं है, तो बोलते क्यों जाते हो?

पपा : बोलता जाता हूँ...मैं ही अकेला...!

ममा : *(हलके विराम के बाद)* तुम्हें एक और टिकिया दे दूँ...नींद की?

पपा : दे दो...जितनी टिकियाएँ हों बोतलों में सब-की-सब दे दो...नींद की टिकिया!

बाहर ज़ीने से ऊपर आते क़दमों की आवाज़ सुनाई देती है।

ममा : *(टुकड़े समेटकर उठती हुई)* देखो, अब आया है यह...इतनी देर में।

पपा : खाकर एक ही बार ऐसी नींद आए कि...।

ममा : सिर्फ़ अपने से ही वास्ता है इसे...और किसी से वास्ता ही नहीं।

जमशेद ठक्-ठक् करता कमरे के अन्दर आ जाता है।

जमशेद : *(ऊँची आवाज़ में)* वह नहीं उतारने देती मुझे।

ममा : *(चिल्लाकर)* और ज़ोर से चिल्ला...पपा को नींद आनी भी हो, तो न आए।

जमशेद : कहती है...।

ममा : बोलता जा...जितना ऊँचा तेरे मन में आए...।

जमशेद : ...कि पहले ही इतनी कम सब्ज़ी उगती है हमारे यहाँ...।

ममा : *(पास जाकर हाथ के टुकड़े उसकी तरफ़ बढ़ाती हुई)* ओफ़्फ़ो!... ये ले जा उधर।

जमशेद : अगर हम रोज़-रोज़ तुम्हें उतारने दें, तो...।

ममा : मैंने...कहा है...ये...ले जा...उधर।

जमशेद टुकड़े लेने के लिए हाथ नहीं बढ़ाता। अपनी बात बीच में रोककर चुपचाप उसे देखता रहता है।

: तो अब खड़ा देखता रहेगा मुझे?...यह ले नहीं जाएगा?

जमशेद फिर भी उसी तरह खड़ा देखता रहता है।

: मत ले जा...मत ले जा।

जमशेद चुपचाप हाथ उसकी तरफ़ बढ़ा देता है।

: मैं अकेली कर लूँगी सब-कुछ *(टुकड़े उसके हाथ में डालती हुई)* मुझे यहाँ किसी से...कुछ भी दरकार नहीं।

जमशेद टुकड़े हाथ में लिए पल-भर और उसे देखता रहता है, फिर बाहर को चल देता है।

: *(अपने पर अधिकार खोकर)* तुझसे कितनी बार कहा है, मुझे इस तरह मत देखा कर!

जमशेद : *(जाते-जाते)* पहले ही इतना गन्द पड़ा है वहाँ...अब यह गन्द ले जाकर और भर दूँगा।

ममा : *(उसके पीछे-पीछे दरवाज़े तक जाकर)* मुझे यह बिलकुल बरदाश्त नहीं।...सुन लिया?...मुझे यह बिलकुल-बिलकुल बरदाश्त नहीं?

पपा : ओ-ओह!

ममा : *(लौटकर कबर्डों की तरफ़ आती हुई)* तुम तो कभी एक लफ़्ज़ भी नहीं कह सकते उससे!

पपा : वह दे दो मुझे...।

ममा : क्या?

पपा : वह जो कह रही थीं...नींद की टिकिया।

ममा : *(पहला कबर्ड बन्द करती हुई)* ऐसे ही तुमने बच्चों को बिगाड़ा था और ऐसे ही बिगाड़ा है...।

पपा : सब को...तुम्हें...इसे....आने-जाने वालों को...सारी दुनिया को...।

ममा : *(दूसरा कबर्ड बन्द करती हुई)* और अपने-आप को।...तीन दिन से अपने को स्पंज भी नहीं करने दिया तुमने। पता नहीं, तुम्हें अपने से बू भी नहीं आती?

पपा : जहाँ-जहाँ जो कुछ बिगड़ा है, सब मैंने बिगाड़ा है...अकेले ने...।

ममा : *(तीसरा कबर्ड बन्द करती हुई)* और किसने?...अब करवाना है, तो पहले स्पंज करवा लो...फिर उसके बाद...।

पपा : मैं न बिगाड़ता, तो कुछ भी न बिगड़ता–सब-कुछ वैसे ही रहता...।

ममा : *(ड्रेसिंग टेबल के पास जाकर उसकी खुली दराज़ बन्द करती हुई)*...उसके बाद सो लेना जितनी देर जी चाहे...।

पपा : ...जैसे कि मेरे और तुम्हारे पैदा होने से पहले था। नहीं?

ममा अतिरिक्त गम्भीर होकर पल-भर उसे देखती रहती है।

ममा : अब बता दो न–तुम्हें स्पंज करवाना है या टिकिया लेकर सो रहना है?

पपा : *(तकियों के सहारे निढाल होकर)* सभी कुछ करना है...यह भी, वह भी, और...और भी जाने क्या-क्या! *(नीचे को फिसलता दर्द से कराहकर)* ओह! ओह! ओह!

ममा : *(ड्रेसिंग टेबल से एक ख़ाली शीशी उठाकर देखती हुई)* यह लिक्विड सोप की शीशी–यह तो ख़त्म हो गई थी उस दिन।

पपा : ओह!

ममा : रिशी ने मुझसे कहा था, वह नई शीशी ला देगा।

पपा : हंः!

ममा : पता नहीं, जमशेद रिशी के यहाँ दूसरी बार होकर आया है या नहीं?

पपा : कल क्या तारीख़ होगी? सोलह?

ममा : सत्रह। अभी तुम्हें बताया था, सोलह आज है।

पपा : पिछले साल सोलह नवम्बर को जहाँगीर ने हमें एक कार्ड भेजा था...स्विट्ज़रलैंड से...तुम्हें याद है?

ममा : ठहरो, मैं इससे पूछकर आती हूँ। यह आदमी नहीं गया होगा दूसरी बार, जहाँ तक मुझे पता है इसका...।

बाहर चली जाती है।

पपा : *(छत की तरफ़ देखता हुआ)* सत्रह नवम्बर को पिछले साल रोमा के लड़का हुआ था...ममा उसे देखने गई थी अस्पताल में... अठारह नवम्बर को...अठारह नवम्बर को पिछले साल क्या हुआ था?...कुछ हुआ था अठारह नवम्बर को भी...याद नहीं क्या... कोई आया था...या किसी को आना था और नहीं आया था... याद नहीं...।

आसपास अँधेरा गहरा होता जाता है। वह कुछ देर चुपचाप आँखें झपकाता रहता है। बाहर पेड़ों की सरसराहट बढ़ जाती है। समुद्र की लहरों का शब्द अधिक ऊँचा सुनाई देने लगता है।

: *(करवट बदलता हुआ अपने मन की किसी बात से सिर हिलाकर)* हंः!

पार्श्व-नाटक

छतरियाँ

भारी मशीन को धकेलती-सी सम्मिलित आवाज़ :

आज से कल। आज से कल। आज से कल।

लगभग अँधेरे रंगमंच पर कुछ लोग आवाज़ के एक-एक झटके से पेंच की तरह घूमते नज़र आते हैं।

सम्मिलित आवाज़ की पृष्ठभूमि में अकेले पुरुष-कंठ की आवाज़ :

और इस रूप में युग का संकट (प्रतिध्वनियाँ : संकट संकट संकट) हमारे सामने है।

घूमते लोग फिरकी की रफ़्तार पकड़ एक-एक करके मंच से बाहर निकल जाते हैं।

वही आवाज़ डंका पीटने की तरह :

संकट का अर्थ है मूल्यों को लेकर उठते प्रश्न। (प्रतिध्वनियाँ : प्रश्न प्रश्न प्रश्न) प्रश्नों का अर्थ है विचारों की महामारी। (प्रतिध्वनियाँ : महामारी महामारी महामारी) महामारी का अर्थ है मनुष्यता से हटता मनुष्य-जीवन। (प्रतिध्वनियाँ : मनुष्य-जीवन मनुष्य-जीवन मनुष्य-जीवन) और मनुष्य-जीवन का अर्थ है...।

एक आदमी को ठोकर मारकर रंगमंच पर धकेल दिया जाता है। आदमी किसी तरह सँभलकर खड़ा होता है और घुटनों को हाथों का सहारा दिए टटोलती नज़र से इधर-उधर देखता है।

तेज़ी से शब्द उगलती दूसरी आवाज़ :

संविधान, सभाएँ, सूदख़ोरी, खादी-ग्रामोद्योग, अन्तरिक्ष-यान, चाबी के बन्दर, चाँद की चट्टानें, गेहूँ, रोज़ी, मिरगी और...।

पहली आवाज़ काफ़ी ठहराव के साथ :

प्रजातंत्रीय चुनाव!

एक कोने में रंग-बिरंगी छतरियाँ (कुकुरमुत्ते) आलोकित हो उठती हैं। आकार एक से तीन फुट। आदमी जाकर

उनके आसपास घूमता है। फिर वह सबसे बड़ी छतरी को एक बार अभिलाषा के साथ छू लेता है।

उसके छूने के साथ ही गोली दागने की आवाज़ होती है।

आदमी पल-भर हाथ परे रखता है। फिर छतरी को तोड़ लेने का प्रयत्न करता है।

कई गोलियाँ एक-साथ दागी जाती हैं।

आदमी कुछ क्षण हाथ हटाए रहता है। फिर एक-दो बार उसी तरह कोशिश करके देखता है।

गोलियों की आवाज़ उसकी हर कोशिश के साथ मिलकर सुनाई देती है।

आदमी कुछ दूसरी छतरियों को छूकर देखता है।

कोई आवाज़ सुनाई नहीं देती।

कुछ आश्वस्त होकर वह चोरी से फिर एक बार सबसे बड़ी छतरी को छू लेता है।

गोलियाँ फिर दागी जाती हैं।

वह हताश होकर जैसे-तैसे उस छतरी को तोड़ लेना चाहता है।

गोलियों की लगातार आवाज़ उसके प्रयत्न को पीछे छोड़ जाती है।

आदमी आवाज़ से स्तब्ध होकर रुका रहता है।

गोलियों की आवाज़ रुकने पर कुछ क्षणों का ख़ामोश अन्तराल।

आहिस्ता-आहिस्ता आदमी के हाथ-पैरों में क्रिया लौटने लगती है। धीमी लयात्मक गति से वह फिर एक बार सबसे बड़ी छतरी को पकड़ लेता है।

गाली फुसफुसाने की आवाज़ :

हरामी पिल्ला।

आदमी के हाथ छतरी से इस तरह बँध जाते हैं कि उसे तोड़ने के सिवा उसके पास कोई चारा नहीं रहता।

उसके हाथों की लय में गालियाँ फुसफुसाने की आवाज़ :

हरामी पिल्ला। हरामी पिल्ला।
उल्लू का पट्ठा। उल्लू का पट्ठा।
सूअर का बच्चा। सूअर का बच्चा।

छतरी को भींचकर काँपते हुए आदमी के हाथ रुक जाते हैं।

कोई आवाज़ सुनाई नहीं देती।

अब आदमी छतरी को तोड़ लेने के लिए प्रचंड भाव से प्रयत्न करने लगता है।

स्पष्ट स्वरों में गालियों की बौछार सुनाई देने लगती है :

तेरे पाजामे में गज़-भर की छिपकली।
तेरी रीढ़ पर सरकंडे की खेती।
तेरी दाढ़ों में गधे का अज़ारबन्द।

गालियों की लय से बचने की चेष्टा में आदमी के हाथों का ताल-मेल समाप्त हो जाता है। उसके प्रयत्न का हताश भाव पहले से कहीं बढ़ जाता है।

चारों तरफ़ से उस पर लानत बरसाई जाती है :

– अबे जाकर देख, तेरे घर की घुड़साल में कौन लकड़बग्घा घास चर रहा है?
– तेरी बीवी के पेटीकोट पर काला बन्दर थूक लगा रहा है, तू पहले जाकर उसकी थूथन को चाट।
– जाकर बड़े बापू से पूछ, उसकी मोमबत्ती किस बुढ़िया के गुसलख़ाने में छूट गई है?
– तेरे नीम के पेड़ पर दूसरों के आलू उग आए हैं, काग़ज़ी तरबूज़।
– तेरी रोती बिटिया को पड़ोसियों का टामी बहला रहा है।
– तुझे पता भी है, छोटे बापू के जिस्म पर काली-सफ़ेद चित्तियाँ निकल आई हैं? पहले जाकर उन चित्तियों को सहला और उन पर मोम और गन्धक की मालिश कर।

आदमी अपनी हताशा के चरम पर पहुँचकर ज़ोर से चिल्लाकर उठता है और उसी आवेश में अपने हाथों

को झटक लेता है। तभी वह आश्चर्य के साथ देखता है कि छतरी टूटकर उसके हाथों में आ गई है।

अन्तिम गाली का अन्तिम शब्द इस तरह दोहराया जाता है जैसे ग्रामोफ़ोन रिकार्ड की सूई एक जगह अटक गई हो :

मालिश कर...मालिश कर...मालिश कर...मालिश कर...मालिश कर... मालिश कर...।

दोहराए जा रहे शब्द से तंग आकर आदमी छतरी को नीचे पटक देता है।

आवाज़ रुक जाती है।

आदमी को पश्चाताप होता है कि उसने अपनी छतरी फेंक क्यों दी। वह बैठकर छतरी को सहलाने लगता है।

चारों तरफ़ से पैरों की आवाज़ सुनाई देने लगती है जो लगातार ऊँची होती जाती है।

आदमी आशंकित भाव से छतरी को थामे उठ खड़ा होता है।

पैरों की आवाज़ धीमी पड़कर विलीन हो जाती है।

आदमी आशंकित भाव से चारों तरफ़ देख लेता है। फिर एक तरफ़ को भागता है।

उधर वह सामूहिक हँसी से टकरा जाता है।

वह एक से दूसरी दिशा में भागने का प्रयत्न करता है।

हर दिशा में वह उसी तरह सामूहिक हँसी से टकरा जाता है।

आदमी कुछ पल फिरकी की तरह घूमकर मंच के बीचोंबीच स्थित खड़ा हो जाता है।

बहुत जल्दी-जल्दी एक के बाद एक सुनाई देती आवाज़ें :

– अकेला आदमी और उसकी अकेली लड़ाई।
– परचे, पोस्टर और अख़बारों की सुर्ख़ियाँ।
– मशीन और आदमी।

– राजनीतिक उतार-चढ़ाव।
– साहित्यिक आन्दोलन।
– आर्थिक हेर-फेर।
– धार्मिक धर-पकड़।
– सभाएँ।
– सम्मेलन।
– जुलूस।
– वाक-आउट।
– हड़ताल
– घिराव।
– पर असल चीज़, सबसे बड़ी चीज़, आदमी की इच्छा-शक्ति और निर्णय।
– निर्णय इस सबका विरोध करने का।
– और उस सबका विरोध करने का जो इस सबका विरोध करता है।

आदमी को लगता है कि छतरी उसके हाथ से निकलकर उड़ जाना चाहती है। वह उसे पकड़ रखने के लिए संघर्ष करने लगता है।

एक बच्चे की किलकारियाँ। वह जैसे अपनी बाँह छुड़ाकर भाग जाना चाहता है। किलकारियों में शरारत का भाव बढ़ता जाता है।

आदमी छतरी को रोक रखने का प्रयत्न करता हुआ आख़िर उसे वश में कर लेता है।

किलकारियाँ कुढ़ने के स्वर में बदल जाती हैं।

आदमी कुकुरमुत्ते को थप्पड़ लगा देता है।

बच्चा रोने लगता है।

आदमी छतरी को सहलाने-बहलाने लगता है।

बच्चे का रोना सुबकने में बदलकर शान्त हो जाता है।

आदमी छतरी को अपने से सटाए हुए सहसा चिहुँक जाता है जैसे कि छतरी ने उसे काट लिया हो।

डमरू बजने की आवाज़।

आदमी छतरी से छुटकारा पाने की चेष्टा करता है, पर सफल नहीं हो पाता। उसकी चेष्टाएँ सर्कस में विदूषक की चेष्टाओं जैसी लगती हैं। आख़िर किसी तरह वह छतरी को अपने से परे उछाल देता है। और उसे पैरों से कुचलने लगता है।

शेर के हुंकारने की आवाज़।

आदमी आशंकित होकर छतरी को देखता है और उस पर टूट पड़ता है। दोनों के बीच जैसे धींगा-मुश्ती होने लगती है।

हुंकारने की आवाज़ और-और ऊँची होती जाती है।

आदमी कुश्ती में हारकर लम्बा हो जाता है। छतरी अब उसकी छाती पर सवार है।

हुंकारने की आवाज़ धीमी पड़ती आवाज़ की पृष्ठभूमि में एक-दूसरी से आगे आने की चेष्टा करती आवाज़ें :

– सोचना और चाहना...
– चाहना और सोचना...
– सोचने से अलग चाहना...
– चाहने से अलग सोचना...
– फिर भी अन्तर्मन की आन्तरिक प्रक्रिया के अनुसार...
– जिसका अर्थ है अन्तर्मन की आन्तरिक प्रक्रियाओं के अनुसार...
– अर्थात् अन्तर्मन की आन्तरिक प्रक्रियाओं के अनुसार...
– आदमी का आत्म, आत्म, आत्म...
– आत्म-सन्तोष...
– नहीं...
– आत्म-संकोच...
– नहीं...
– आत्म-जो-कुछ-भी...
– बड़ी-बड़ी शक्तियों द्वारा घिरकर...
– वे शक्तियाँ जो पीछे हैं...

– वे शक्तियाँ जो आगे हैं...
– दाएँ की शक्तियाँ...
– बाएँ की शक्तियाँ...
– नीचे की शक्तियाँ...
– ऊपर की शक्तियाँ...
– शक्तियाँ, शक्तियाँ...
– शक्तियाँ, शक्तियाँ...!

कई-एक स्त्रियाँ-पुरुष मंच पर आकर छतरियों को तोड़ने लगते हैं। सब छतरियाँ हाथ लगाते ही टूट जाती हैं। आदमी फटी-फटी आँखों से देखता रह जाता है।

नृत्य की धुन।

लोग छतरियाँ लिये नाचते हैं। आदमी अपनी छतरी थामे उठ खड़ा होता है। दूसरों की छतरियों से उसे ईर्ष्या होती है। वह भी दूसरों के पैरों के साथ पैर मिलाकर नाचने की चेष्टा करता है, पर उसके पैर लय में नहीं पड़ते।

नृत्य-संगीत को काटती हवाई हमले के साईरेन की आवाज़।

लोग अपनी-अपनी छतरियाँ अपने से सटाए यहाँ-वहाँ छिप जाते हैं। आदमी छिपने की जगह ढूँढ़ता है, पर कोई ठीक-सी जगह उसे नहीं मिल पाती।

एक धमाका।
धार्मिक उपदेश का स्वर :

तटस्थता...मुख्य चीज़ है तटस्थता...जो मन की शान्ति का दूसरा नाम है। मन में शान्ति होने से ही बाहर का सारा बिखराव सिमटकर...अर्थात् सब टुकड़े एक होकर...।

रेडियो एनाउंसर की आवाज़ :

एक महत्त्वपूर्ण राष्ट्रीय प्रसारण। इस प्रसारण में महत्त्वपूर्ण राष्ट्रीय समस्याएँ राष्ट्रीय दृष्टि से राष्ट्र के सामने प्रस्तुत की जाएँगी। राष्ट्र को राष्ट्रीय संकट से उबारने के लिए जिस राष्ट्रीय संकल्प की आवश्यकता है...क्षमा कीजिए, और कुछ कहने का समय नहीं है... राष्ट्रीय प्रसारण आरम्भ हो रहा है। आरम्भ हो रहा है राष्ट्रीय प्रसारण...!

सब लोग सुनने की मुद्रा बना लेते हैं। केवल इस आदमी को सुनने की सुविधापूर्ण स्थिति नहीं मिल पाती।

एनाउंसर :

आप राष्ट्रीय प्रसारण की प्रतीक्षा कर रहे हैं। कृपया थोड़ी देर और प्रतीक्षा करें।

आदमी अपनी छतरी कान से लगाकर बैठ जाता है।

एनाउंसर :

आप प्रतीक्षा कर रहे हैं राष्ट्रीय प्रसारण की। आपसे अनुरोध है कि आप थोड़ी प्रतीक्षा और करें।

इस आदमी को छोड़कर और लोग अस्थिर होने लगते हैं।

एनाउंसर :

राष्ट्रीय प्रसारण अभी आरम्भ होने को है, आपसे फिर एक बार अनुरोध है कि...नहीं नहीं, अब अनुरोध नहीं है...राष्ट्रीय प्रसारण हो रहा है। राष्ट्रीय प्रसारण।

ग़लत रफ़्तार से चलते टेप-रिकार्डर की फैली-फैली आवाज़ें।

लोग इस तरह सिर हिलाते हैं जैसे सारी बात उनकी समझ में आ रही हो। आदमी अचकचाया-सा एक-एक को देखता है।

टेपरिकार्डर का स्वर स्वाभाविक गति में आ जाता है :

हमें इन सब बातों को अपने ध्यान में, अपने ज़ेहन में, अपने दिमाग़ में रखकर चलना है। हम ज़िन्दा हैं, तो कुछ असूलों की ख़ातिर और उन असूलों की वजह से। क्योंकि जंग हो या अमन, दानिशमन्दी और सियासत का तकाज़ा है कि हम लोग...।

लोग अस्थिर होकर बड़बड़ाने लगते हैं। आदमी ध्यान से सुनना चाहता है, पर लोगों की बड़बड़ाहट उसे सुनने नहीं देती।

ग़लत रफ़्तार से तेज़ चलते टेप-रिकार्डर की घिचपिच आवाज़ें।

लोग फिर ध्यान से सुनते हैं जबकि आदमी को कुछ समझ में नहीं आता।

टेप-रिकार्डर का स्वर फिर स्वाभाविक गति में आ जाता है :

कई-कई सवाल सामने आते हैं। और उनमें से हर सवाल कई-कई दूसरे सवालों की तरफ़ ले जाता है। सवाल सब अपने में बहुत अहम हैं, पर वक़्त की ज़रूरत उन सब सवालों से ज़्यादा अहम है। हमें सबसे पहले इसी सवाल पर ग़ौर करना है कि वह ज़रूरत क्या है, किस चीज़ की है? क्योंकि अगर हम अपनी असली ज़रूरत को समझ लें, तो बहुत-से सवालों का जवाब खुद-ब-खुद हासिल हो जाता है। इसीलिए देखना यही है कि हमारी आज की ज़रूरत, और आज की ही नहीं, आने वाले कल की ज़रूरत और उसके बाद आने वाले कल की ज़रूरत...।

लोग अब फिर नहीं सुनते। आदमी चिल्लाकर विरोध करता है। लोग उसकी खिल्ली उड़ाते हुए हँसते हैं। आदमी तैश में आकर उनमें से एक को अपनी छतरी दे मारता है। पूरे मंच पर मार-धाड़ शुरू हो जाती है। लोग अन्धाधुन्ध छतरियाँ चलाते हैं।

लड़ाई की लय से हटकर बहुत धीमी लय में कीर्तन :

हरे रामा हरे रामा
रामा रामा हरे हरे।
हरे कृष्णा हरे कृष्णा
कृष्णा कृष्णा हरे हरे।

लड़ाई की लय उत्तरोत्तर धीमी पड़ती जाती है।

कीर्तन की लय तेज़ होती जाती है।

लड़ाई सिनेमाई स्लो मोशन में चलने लगती है।

एक पागल की बकझक :

मारा मारा मारा मारा।
आ आ मारा मारा।
आज मारा कल मारा।
आज हारा कल हारा।
यहाँ मारा वहाँ मारा।
यहाँ हारा वहाँ हारा।

हारा मारा मारा हारा।
मारा हारा हारा मारा।

लड़ाई करते लोग अपनी-अपनी जगह फ्रीज़ हो जाते हैं।

पागल की बकझक तेज़ हो जाती है :

कल मारा आज मारा।
कल हारा आज हारा।
कल आज हारा मारा।
नाम मारा काम मारा।
नाम काम हारा मारा।

आदमी फ्रीज़ हुए लोगों में घिरकर चारों तरफ़ घूमता है।

चाबुक चलने की आवाज़। पागल चिल्लाने लगता है :

मारा मारा मारा मारा।
मारा मारा मारा मारा।
नहीं मारा नहीं मारा।
नहीं मारा नहीं मारा।

आदमी ऐसे व्यवहार करता है जैसे उसे चाबुकों से पीटा जा रहा हो, लेकिन वह अपनी छतरी हाथ से नहीं छोड़ता।

नारे लगाते जुलूस की आवाज़ें :

—इंक़लाब,
—ज़िन्दाबाद।
—हमारी माँगें,
—पूरी करो।
—सब की मिलकर एक ज़बान,
—रोटी, कपड़ा और मकान।

आदमी पिटने के बाद बुरी तरह हाँफता है।

जुलूस की आवाज़ें :

—सोना चाँदी,
—हाय हाय।
—बेगम बाँदी,

–हाय हाय।
–पूरब पच्छिम,
–हाय हाय।
–उत्तर दक्खिन,
–हाय हाय।

आदमी अलग-अलग लोगों के फ्रीज़ हुए हाथ-पैरों को हिलाकर उनमें गति लाने की चेष्टा करता है, पर सफल नहीं हो पाता। हर-एक के हाथ-पैर उतने ही हिलते हैं जितने कि वह हिला देता है। पर बहुत कोशिश करके भी वह किसी के हाथ से उसकी छतरी नहीं छुड़ा पाता।

जुलूस की लगातार आवाज़ :

हाय हाय, हाय हाय।
हाय हाय, हाय हाय।
हाय हाय, हाय हाय।

आदमी फ्रीज़ हुए लोगों के इर्द-गिर्द चक्कर काटता है।

सब तरफ़ से पुलिस की सीटियों की आवाज़ें :

फ्रीज़ हुए शरीरों में सहसा गति आ जाती है और वह एक तंग घेरे में आदमी के इर्द-गिर्द जमा हो जाते हैं। आदमी अपने को उनके बीच रुँधा हुआ महसूस करता है।

माइक पर आवाज़ :

वन टू थ्री...टेस्टिंग, टेस्टिंग, टेस्टिंग...

आदमी घेरे से निकल पाने की कोशिश में और-और रुँधता जाता है।

माइक पर आवाज़ :

हमारी आवाज़...टेस्टिंग टेस्टिंग...अँधेरे में एक चीख़ है। यह चीख़...टेस्टिंग टेस्टिंग टेस्टिंग...अँधेरे की छाती चीरकर...टेस्टिंग...एक नई रोशनी ला सकती है। आज से पहले भी जब कभी यह चीख़ उठी है...टेस्टिंग टेस्टिंग...इसने अँधेरे की ताक़तों को...टेस्टिंग टेस्टिंग टेस्टिंग...दहलाकर रख दिया है। इसलिए वो ख़ौफ़नाक ताक़तें हमेशा इस आवाज़ को...टेस्टिंग टेस्टिंग...इस चीख़ को...

टेस्टिंग...दबा देने पर आमादा रहती हैं। लेकिन आज हम उन ताक़तों को...टेस्टिंग टेस्टिंग...आगाह कर देना चाहते हैं कि आज हमारी यह आवाज़, हमारी यह चीख़, जब फ़िज़ाओं में गूँज उठेगी ...टेस्टिंग टेस्टिंग...तो बग़ैर एक बार भूचाल लाए...टेस्टिंग टेस्टिंग टेस्टिंग...बग़ैर एक बार क़हर बरपा किए...वन टू थ्री...टेस्टिंग टेस्टिंग टेस्टिंग...।

घेरा तंग होते-होते एक ऐसे झुरमुट में बदल जाता है कि सब लोग उसमें से बाहर निकलने के लिए कुलबुलाने लगते हैं। अपने ही बोझ से घेरे के ढह जाने से सब लोग पेट के बल रेंगते उसमें से बाहर आते हैं।

स्कूल की घंटी की आवाज़। साथ ही हाज़िरी ली जाने लगती है।

पेट के बल रेंगते लोग घंटी की आवाज़ के साथ ही सीधी पंक्ति बनाकर खड़े हो जाते हैं और एक-एक करके हाज़िरी का जवाब देने लगते हैं। केवल यह आदमी अब भी चौकस निगाह से इधर-उधर देखता उसी तरह रेंगता रहता है।

हाज़िरी समाप्त होने के साथ फिर स्कूल की घंटी :

सब लोग अपनी-अपनी छतरियाँ यहाँ-वहाँ फेंककर मंच से निकल जाते हैं। आदमी खड़ा होकर भौंचक्की नज़र से आसपास देखता है।

आदमी : *(हड़बड़ी में)*

मेरा नाम?

(फिर चिल्लाकर)

मेरा नाम?

अलग-अलग दिशाओं से आवाज़ें :

इसका नाम?

इसका नाम?

इसका नाम?

इसका नाम?

इसका नाम?

आसपास इतनी सारी छतरियाँ बिखरी देखकर आदमी की आँखें फैल जाती हैं। वह उन सबको उठाकर बाँहों में समेट लेने की चेष्टा करता है।

आदमी : *(एक-एक छतरी को उठाता)*

इसका नाम?
इसका नाम?
इसका नाम?
इसका नाम?
इसका नाम?

जल्दी-जल्दी चलती एक कठपुतली का स्वर :

और इसके साथ हमारा आज का कार्यक्रम समाप्त होता है। इस कार्यक्रम में जिन-जिन लोगों ने सीटी बजाने, नारे लगाने तथा भाषण देने आदि की भूमिकाएँ निभाईं उन सबके प्रति मैं अपना आभार प्रकट करती हूँ। पर सबसे अधिक आभारी हूँ मैं उस एक व्यक्ति के प्रति जिसके छतरियों के बग़ीचे में इतनी तरह की रंग-बिरंगी छतरियाँ उगती हैं, क्योंकि बिना छतरियों की लुभावनी भूमिका के यह अभिनय कदापि सम्भव न हो पाता। आशा है, बग़ीचे के मालिक की यह उदारता आगे भी बनी रहेगी और छतरियों का यह खेल इसी तरह चलता रहेगा।

आदमी की बाँहों में सब छतरियाँ सँभल नहीं पातीं। उन्हें सँभाले रखने के लिए उसे बहुत प्रयत्न करना पड़ता है।

भरत वाक्य :

भाषा नहीं, शब्द नहीं, भाव नहीं,
कुछ भी नहीं।
मैं क्यों हूँ? मैं क्या हूँ?
जिज्ञासाएँ डसती हैं बार-बार
कब तक, कब तक, कब तक इस तरह?
क्यों नहीं और किसी भी तरह?
आकारहीन, नामहीन,
कैसे सहूँ, कब तक सहूँ,
अपनी यह निरर्थकता?

जीवन को छलता हुआ, जीवन से छला गया।
कैसे जीऊँ, कब तक जीऊँ,
अनायास उगे कुकुरमुत्ते-सा?
पहचान मेरी कोई भी नहीं आज तक।
लुढ़कता एक ढेले-सा
नीचे, नीचे, और नीचे
मैं क्या हूँ? मैं क्यों हूँ?
भाषा नहीं,
शब्द नहीं,
भाव नहीं,
कुछ भी नहीं।

आदमी छतरियों से लदा इस बीच सधकर खड़ा रहता है, पर अन्तिम पंक्ति तक आते-आते छतरियाँ उसकी बाँहों से फिसलने लगती हैं, और एक-एक करके नीचे गिर जाती हैं।

⚙⚙⚙